寫出有感覺的作文

不補習，學測寫作照樣拿高分

邱德 老師——著

全國百位校長、教授　聯名推薦！

（依照地區及姓名筆畫排列）

北部地區

王紹光　新竹縣北平國小
王耀德　新北市更寮國小
石維堅　桃園市奎輝國小
江百川　新北市大成國小
李忠孝　桃園市羅浮國小
李延昌　新北市澳底國小
邱香蘭　新北市榮富國小
林惠枝　桃園市巴崚國小
林雅芳　新北市永定國小
林誠義　桃園市高義國小
周德銘　新北市保長國小
洪中明　新北市新泰國小
胡正誼　桃園市瑞原國小
楊尚青　新北市義學國中
葉若蘭　新竹縣中興國小
蔡英煌　新竹縣芎林國中
蕭又誠　新北市明志國小
蘇佐璽　桃園市文昌國中

中部地區

方啟陽　彰化縣育德國小
呂勇昇　嘉義縣重寮國小
吳麗月　彰化縣彰德國中
林金枝　嘉義縣內甕國小
林俊傑　雲林縣溪洲國小
姜韻梅　臺中市桐林國小
陳明誌　雲林縣北辰國小
張美雲　臺中市大忠國小
劉淑甄　彰化縣東溪國小
謝世達　嘉義縣瑞峰國小
關紫心　臺中市何厝國小
蘇月妙　彰化縣湳雅國小

南部地區

王文霖　高雄市小港國中
王怡萱　屏東縣車城國小
王家瑞　屏東縣牡丹國中
王照仁　屏東縣新埤國小
王錦裕　屏東縣歸來國小
王榮發　臺南市臺南高工
田永成　屏東縣白沙國小
印永生　屏東縣高泰國中
吳子宏　屏東縣新生國小
吳根明　屏東大學社會發展系教授
李文欽　屏東縣高士國小
李忠屏　屏東縣公館國小
李秉穆　屏東縣振興國小
李雅容　屏東縣僑勇國小

李逸群　屏東縣大平國小
李福明　屏東縣草埔國小
季永明　屏東縣崇蘭國小
邱元甫　高雄市南隆國中
邱照麟　屏東縣信義國小
林文毅　高雄市中壇國小
林秀娟　屏東縣赤山國小
林季福　屏東縣古華國小
林香吟　高雄市瑞祥高中
林美鐘　屏東縣育英國小
林淑芳　屏東縣彭厝國小
林榮洲　屏東縣潮州高中
林勳棟　屏東縣屏東女中
林聰明　屏東縣屏北高中

施世治　屏東縣唐榮國小
洪振旭　屏東縣中正國小
高珠鈴　屏東縣凌雲國小
徐福祥　臺南市北門農工
莊忠勳　屏東縣天南國小
張志全　臺南市松林國小
張振茂　屏東縣潮和國小
張菁峯　臺南市柳營國小
許清和　屏東縣陸興高中
許裕呈　屏東縣前進國小
許嘉政　屏東縣仁愛國小
郭希得　屏東縣崎峰國小
郭靜芳　臺南市東原國小
陳志偉　屏東縣枋寮高中

陳正昌　屏東大學教育系教授
陳長瑞　屏東縣屏東高中
陳奕翔　屏東縣高朗國小
陳寶郎　屏東縣明正國中
黃火炎　高雄市中庄國中
黃再鴻　東港水產職業學校
黃志賢　屏東縣塔樓國小
黃添勇　臺南市六甲國中
黃彗瑄　屏東縣南州國中
黃嘉源　高雄市凱旋國小
馮厚美　屏東縣仁和國小
曾有欽　屏東縣賽嘉國小
曾淑勤　屏東縣萬新國中
曾國義　高雄市桃源國小

鄔世榮　屏東縣恆春國中
鄒春選　屏東縣屏東高工
葉運偉　屏東縣屏大附小
楊榮仁　高雄市岡山高中
楊頌平　高雄市忠孝國小
趙信光　屏東縣水泉國小
趙炳詠　屏東縣內獅國小
蔚以宣　屏東縣新豐國小
潘政憲　屏東縣玉田國小
鄭惠華　屏東縣枋寮國小
劉瑞富　屏東縣里港國中
盧政吉　屏東縣僑智國小
賴慶安　屏東縣泰武國小
鍾文馨　屏東縣仙吉國小

謝郁如　屏東縣石門國小
謝相如　屏東縣萬安國小
謝惠如　屏東縣泰武國中
簡麗玉　屏東縣竹林國小
羅世杰　屏東縣五溝國小
羅瑞玉　美和科大社會工作系教授

東部地區

郭又方　宜蘭縣玉田國小

陳立輝　花蓮縣富源國小

陳玉明　花蓮縣宜昌國中

顏正一　臺東縣安朔國小

推薦序

好讀、實用且貼近讀者需要的寫作之書

國立屏東大學附設實驗國小校長
國立屏東大學教育行政研究所博士　葉運偉

在學校服務多年的觀察，寫作一直都是學生、家長和老師的痛，從國小低年級的照樣造句、仿作開始，開啟了書寫作文的第一里路。小學階段，作文的作業，在許多家庭往往都要上演三娘教子，不得已落得媽媽念一句、孩子寫一句的窘境，最後都得拖到很晚，精疲力盡才能完成，作文簡直成為全家人的噩夢。

國中以後，從國中教育會考、大學學測到各項公職與求職的考試，良好的寫作能力常是致勝的關鍵。好的寫作能力人人都想要，但不是人人都能，除了先天對語言文字的敏銳外，也可以透過閱讀與練習而來。好的作文包含合乎題旨、見解、文詞優美順暢、結構（起承轉合）等要件，缺一不可，寫作測驗時才能得到高分。這些要件看似簡單，做起來卻不容易，但在有效的學習、練習與老師的批閱指導下，要獲得閱卷老師的青睞，其實不難。

如果能有一本談寫作的書，好讀、實用且貼近讀者的需要，我想就是這本《寫出有感覺的作文》了。作者文字流暢，並以國中會考及大學學測、指考的考題與考生佳作為示例，提供很好的寫作技巧與示範。本書分別以三個的主題來說明寫作及面對作文測驗三個關鍵特性：

主題一——平時必備基本功，增進寫作能量

「巧婦難為無米炊」，語文能力的豐厚是寫作的能量與泉源，愛上閱讀，養成閱讀的習慣，並讀出寫作力。透過閱讀心得報告撰寫，並善用經典與詩詞佳句，增進作文的內涵與能力。

主題二——無往不利實用技巧，讓考生能得心應手

良好的文章架構，套用寫作公式，名言佳句增加文章亮點，都是考試時提高得分的方法。更重要的是要能「我寫我口」，征服考試。

主題三——臨場發揮應考八招，獲得高分

閱卷時如何吸引閱卷老師，是得高分的關鍵。聚焦題旨，讓作文有換位思考的能力，結尾讓人感同身受，就能吸引閱卷老師的眼光。

邱德老師是畢業於屏東師範學院初等教育學系的公費生，有扎實的師資養成訓練及在小學教學的實務經驗。八十九年他辭掉教職，轉戰補教界。我很佩服他的勇氣，在付出了相當努力之後，如今擁有高人氣與教學成就。他與一般補教老師的差別，在於邱老師除了豐富的學科知識外，更有心理學與輔導的背景，知道如何與學生相處、鼓勵學生；知道如何教學才能激發學生的學習動機；知道如何引導學生才是有效學習，這些對他的教學有很大的幫助，讓他深受學生肯定。

一〇三年邱德老師參加中國大陸河北衛視「中華好詩詞」一戰成名後，成為另一個家喻戶曉的臺灣之光。隔年他開始將所學回饋社會，以「翻轉國學教育偏鄉志工行腳」的方式，在屏東與新竹的偏鄉小學擔任教學志工，除了將中華詩詞的美傳遞給下一代，更厚植偏鄉孩子的語文能力與競爭力，令人感動。

本書是邱老師二十三年來作文教學的心得、精華，無論是當作工具書或對作文觀念的釐清，都值得學生、家長及國文老師一讀再讀。

推薦序

掌握作文航向的ＧＰＳ

屏東縣泰武鄉萬安國小校長
國立屏東大學教育行政研究所博士
謝相如

有一天，萬安國小的學生在ＦＢ上問邱德老師：「老師，你會再來萬安嗎？」

時間回到一〇五年十月，「詩詞樂遊園」志工行，邱德老師把第一站給了萬安。第一堂課，孩子就隨著哆啦A夢邱德老師穿過任意門進入古代，用作揖的方式彼此問候，搖頭晃腦吟唱〈清明〉，用ＲＡＰ表演〈秋夕〉，學會找到「詩眼」。第二次邱德老師以帶動唱的吟詩方式，帶著師生進入李白的世界，對於這個日日買醉、酷愛窮遊、對子女不負責、對妻子不體貼的詩人，有了生動的認識，第三次用排灣族民謠重新翻唱中唐詩人元稹的名著〈離思〉，「曾經滄海難為水，除卻巫山不是雲」，古音重現令人動容，更賦予唐詩新生命。一個用生命熱情站在講臺上演繹詩詞的老師，一群用純真情感回應老師深刻詮釋的孩子們，在杜甫的「茅屋為秋風所破歌」完美相輝映。

這樣的感動在閱讀《寫出有感覺的作文》時又在心中蔓延。回想起私下和邱德老師交談，得知他來萬安上課九十分鐘，備課超過五小時。真正是「臺上十分鐘，臺下十年功」，專業與自我要求才能造就名師。我常覺得高手教師在補習班，因為他們是真正經過市場淬鍊的，邱德老師自述「對學生的要求與期望都很高」，是因為他知道對學生設定較高的標準是必要的，而且也懂得怎麼幫學生達成目標，這本書正是這個精神的體現。

讀完本書第一個感覺是，寫作像練功，是有套路步數的，但江湖一點訣，沒人幫你點破，一般人怎麼練都無法身輕如燕，下筆有神。但師父引進門，修行還是要靠個人，好比讀完這本書，不只略讀，還要精讀；不只看過，還要寫過；不只想動，更要行動。

第二個感覺是，教得好也要教得巧，當作文課變成電影欣賞、流行歌曲賞析，哪個學生還會滑手機？艾瑪．華森主演的電影《美女與野獸》變成起承轉合的活教材，成功引學生入甕，電影的情節、畫面、意境讓抽象的寫作公式有血有肉活了過來。就連枯燥的修辭，也能用耳熟能詳的流行歌曲說明，這真是借力使力的高招，把映襯、譬喻、類疊、排比都唱給你聽，修辭變得不再艱澀，就算做不了方文山、席慕蓉，從此也跨過修辭的門檻，懂得欣賞修辭的曼妙世界。

一〇七年，作文將變成學測一門獨立考科，勢必衝擊臺灣的國語文教學，我覺得這本書對國小老師的國語教學幫助特別大。好比教國小數學不能只懂四則運算、簡單幾何；教英文不能只懂現在式、過去式和現在進行式；同理，國小老師不能只教語詞解釋、造句、改錯，也該知道高中學測作文的趨勢。因為知道孩子們未來面臨的寫作挑戰，才能體會教詩詞不能只強調背誦的童子功，更要解釋意思，高端的思維才能促使老師為孩子把鷹架搭得更完整。

當講臺上的老師變成自己的同學，怎樣都比老師吸睛，這本書就有這樣的設計，分析歷年大學學測、指考的作文題目，舉例的都是當年度考生埋頭伏案、限時高壓下完成的佳作，這些作品都有不俗的觀點，吸睛力滿載。考試趨勢分析的本質是枯燥的，但不知道作文趨勢就像航行不知道風向，完全逆風和完全順風都不利船隻前進，唯有掌握風向才能創造船隻前進的效益，這本書就是掌握作文航向的GPS。

一個人的價值，在於他所能影響的生命深度，擁有不求功利性格的邱德老師，不惜和學生抬槓，只為觸及問題核心，扭轉學生偏差的價值觀。為了家長的心頭大患——手機，邱德老師在補習班發起「禁用手機」三天的活動，參與活動的學生體會到：人與人之間互動的溫度絕非一張插圖所能表達。他總是用心和學生、家長對話，不僅把他們的問題當一回事地認真思考，也喜歡問自己問題，也才有今天這本著作，這不只是學寫作的書，更是學態度的書。讀著讀著就會不自覺地自我對話，建議讀者準備一支筆、一張紙，隨時習寫與抒發。

十年磨一劍，寫作沒捷徑，唯有寬讀、讀深，常想、常寫，功夫下得深，鐵杵也能磨成繡花針，做為一個練家子，邱德老師實在當之無愧，難得的是他願意把一身的功夫不藏私地傳授，希望擁有這本葵花寶典的讀者，也能發展出自己寫作的邏輯，純熟應用內化並豐富自己的生命。

推薦序

作文祕訣，一網打盡

屏東縣唐榮國小校長
教育部師鐸獎、SUPER 教師獎
天下雜誌翻轉 100 教師
施世治

你可能對文字運用很感興趣，或者相反地，正苦於文字的駕馭——你是屬於以上哪一種呢？

記得我小學三年級第一次寫作文，老師拿了一篇短文讓我們看，並告訴同學只要改幾個字，這樣就有第一篇作文了。好像好簡單，對吧？老師說這叫仿作。後來我才知道，那不叫仿作，叫作抄襲，因為我只是把「你」換成「他」，「明天」改成「後天」。

又過了幾個禮拜，我們要寫第二篇作文。這次老師說，只要把想講的話寫下來就好，說是「我手寫我口」。聽起來好簡單，那次題目是：我的學校。我只寫了「我的學校很美麗，」就接不下去了。原來作文不只是我手寫我口而已，沒有適當體悟與感受，文章無法自然被創作出來。

中文字因為有其形體，不同文字的結構與排列，會與其他語言形成不一樣的美感。中文發音每個字都有韻律，連結在一起會有獨特的味道。閱讀一篇優美豐富的文章，像是欣賞各種風格的交響樂，或是觀賞不同場景的舞蹈，有的深幽、有的明亮；有的緩慢、有的輕快、有的沉重。

邱德老師長年耕耘於中國語文教育，以其豐富經驗引導讀者進入博大精深的文字寫作領域，相信一定會讓大家快速領略作文精髓。從對大家最關注的歷年學測、指考作文趨勢，深入剖析，更能讓大家明白作文不是套套幾個招數就能夠打動閱卷者而得高分。

寫好作文，除了你知道的大量閱讀和去補習班補作文這兩招之外，還有很多祕訣——讓邱德老師來告訴你！

自序
不補習，讓寫作成為學測致勝關鍵

「你可能永遠不知道你的行為能帶來什麼結果，但沒有行動就不會有結果。」——甘地

在讀書和考試的路上，我絕不是人生勝利組。我補過「國四班」才考上理想高中，高中因為數學補考未通過而留級一年，大學重考二次，在金門當完兵後才考上公費屏東師範學院初教系。教書後研究所更是考了三次，但這回是榜首錄取國立中山大學企管研究所。在補習班教國文，四十歲才成為一線名師，前後熬了十五年。因為實在太憨慢，苦學一直是我的學習方式。

教書以來我就不斷進修，精進教材與教法的研發，以期學生不用苦學國文、作文，而是樂在其中。從小我只喜歡閱讀寫作，數理學科爛透了，「最佳紀錄」大學聯考數學只考九分。而高二那年以六萬字長篇小說〈舞者的陽光〉投稿參加「聯合報小說新人獎」，但我的作品真正被看見，是就讀師院期間大量投稿、多次獲得各式各樣的文學獎後。

你想不想知道，在考場上勝出的關鍵是什麼？面對一〇七年學測新制的國文科考試，我相信你一定希望提高自己的寫作能力，因為理解過後的資料才是自己的東西，而理解同時也是節省讀書時間的重要關鍵。

數、物、化我全不行，但我真的熱愛教國語文，而且最愛寫作，因此，我在編寫這本書的時候，所抱持的想法是：提供給大家最輕巧而有效的方法，透過與學生的互動或學生的回饋，帶出每個主題的寫作訣竅。為你節省大量的摸索時間，而且都是我個人教學多年所累積絕對有效的方法。不用補習！只要你「真的想自我提升」，這本書一定能幫助你「自主學習」，在學測新制作文中獲取高分。

每個準備考試的人都會想考好，一窩蜂找補習班、搶名師。但是大家都忽略了應考最核心的議題：學習方法。減省學習時間才是重點，而這往往是多數人的盲點。此時如果你掌握這點，代表已經成功一半了。

作文，要提升應考實力，就是具備及活用能「擺脫競爭對手」的學習方法，相信你會同意提升實力，才能讓自己立於不敗之地。

寫作說到底是關乎心靈的事，它給心靈注入養料，為心靈驅散黑暗，讓我們變得更加有能力去感受更遼遠的生活，去對付比病痛更深刻的痛。席慕蓉說：「年輕的你，無論遇到什麼困難與挫折，請務必保持一顆寬容、喜悅的心。」

這本書裡將透過一個個關於寫作的故事、歷屆考題分析，強化你自主學習的連結、閱讀寫作的核心要訣，並且替你打下個人努力的基礎，成為快樂自學的力量。我給同學們最誠懇而具體的建議，就是遇到瓶頸時，絕對不要輕易放棄，只要持續閱讀寫作，一定可以逐漸達到目標的！即使成績一時令人沮喪，動機和信心會使你們慢慢迎刃而解，等撞牆期一過，作文成績自然也就上來了。

本書的閱讀對象，除了是參加大學學測、公職考試的學生，對於在學校任教，不論是國小、國中、高中職的老師們準備教學時，亦是一本值得參考的創意書。

本書從企畫至編寫付梓歷經半年，期間時報出版公司的李采洪總編、邱憶伶主編、陳劭頤責任編輯協助彙編與校對，給我非常多的支持與建議，還有美術設計戴芯榆的用心；此外，特別感謝來自全臺超過一百位教授、校長聯名擔任本書的推薦人，期盼有機會能到各校演講、簽書，分享寫作的教材教法，對上述一路走來，關心鼓勵我的人，中此駐墨以表由衷謝忱。

教書二十三載，我每天上課一定穿著哆啦A夢的T恤或外套，我有著哆啦A夢般的熱血，更期許自己就像在幫助大雄一樣，從百寶袋裡拿出各種道具，將難懂易忘的國文教材，教得既活潑又有趣，成功地幫助學生們榮登金榜！

一〇六年仲夏謹誌於屏東

邱德

目錄

主題一 平時必備基本功

主題二 實用技巧，無往不利

主題三 臨場發揮，應考八招

主題一

平時必備基本功

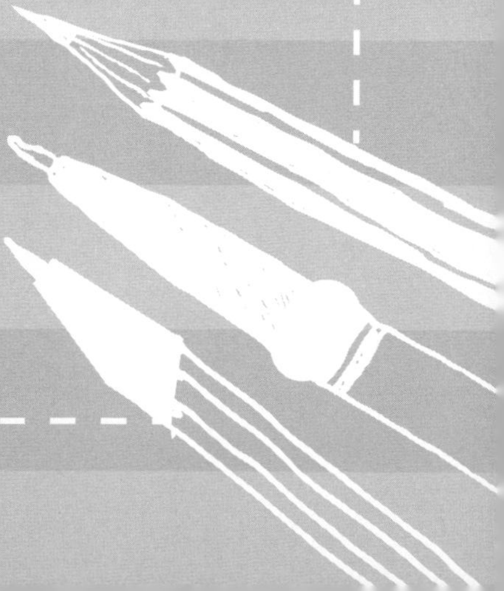

1 用詩詞經典為文采加分

所謂「悠然心會，妙處難與君說」的境界，總要有契合當下心境的詩句，恰到好處地替自己表達出來才算完美。平日讀書念詩積累的零星片斷，都沉澱在記憶深處的某個角落裡，一旦機緣巧合，受到觸發，立刻激發，奔湧匯聚，都到心頭。能夠穿越時空，思接千載，與古人心意相通，這是何等美妙的體驗！

學習潛力就像一塊海綿，經典內的智慧在大量吸收後，還需要長時間的內化，才會讓我們由內而外地成長蛻變。從小的讀經背詩訓練的確是件好事，但要完全和寫好作文這件事接軌，長大後仍得再多複習吟詠，才會內化成寫作的能量。

既然如此，從小就讀經、背詩詞的同學，長大後作文應該斐然成章才是，為何這些同學之中仍有許多人一聽到要寫作文，或許有些想要訴說的情懷、想要抒發的議論，一時間又不知如何下筆呢？

育生是我高三學測總複習班的學生，校排一直維持在三十名內，目標是臺大資訊工程學系，總級分至少要六十九分。「頭過身就過」育生的國文只要達學測頂標十三級分以上，應該就可以達陣。而且育生的寫作能力並不差，學校徵文比賽也時常得獎，從小就是個練家子，背唐詩、讀經樣樣都擅長。

但是考完試，育生卻一副洩氣的樣子：「我會被作文害死。雖然選擇題成績還算過得去，但作文拉低了總分。老師，我明明有這些詩詞經典的基礎，為什麼作文還是拿不到高分？人家都說多背經文，作文會變好，思考力會增強，我卻覺得很落漆！」

其實我贊成讓同學從小讀經典和學詩詞，但反對只背誦卻不去理解其中的含意。尤其詩詞浩如江海，沒有經過分類，不是記不住，就是不會用，我會建議將詩詞內容至少分成十大類，建立自己的詩詞資料庫，簡單舉例：

分類	文句	旨意說明
珍惜時間	吳宮花草埋幽徑，晉代衣冠成古丘。——李白〈登金陵鳳凰臺〉	物是人非的感受

	君不見高堂明鏡悲白髮，朝如青絲暮如雪。——李白〈將進酒〉	時間消逝得很快，變化很大，令人措手不及
	對酒當歌，人生幾何？譬如朝露，去日苦多。——曹操〈短歌行〉	
思鄉離情	日暮鄉關何處是，煙波江上使人愁。——崔顥〈黃鶴樓〉	無法目睹故鄉，徒生愁恨
	獨在異鄉為異客，每逢佳節倍思親。——王維〈九月九日憶山東兄弟〉	每逢過節對親人的思念遽增
	人生不相見，動如參與商。——杜甫〈贈衛八處士〉	人生聚少離多

人生體悟	
人有悲歡離合，月有陰晴圓缺，此事古難全，但願人長久，千里共嬋娟。——蘇軾〈水調歌頭〉	看透人生必有缺憾之理
人生到處知何似，應似飛鴻踏雪泥。——蘇軾〈和子由澠池懷舊〉	漂泊一生，卻沒留下什麼
人生在世不稱意，明朝散髮弄扁舟。——李白〈宣州謝朓樓餞別校書叔雲〉	拋開煩憂，進而逍遙自在

例如遇到作文題目〈故鄉的故事〉，可以這樣運用：

原來這一帶的風光像極了爺爺的老家，他站在溪邊抬頭遠眺，眉頭深鎖，好似凝望自己的故鄉，懷念起自己的父母親。爺爺常常寫的書法：「日暮鄉關何處是，煙波江上使人愁。」

道盡了爺爺對故鄉的思念，和不能侍奉父母的哀愁。

詩詞離我們遙遠嗎？它們的存在是文人踏實生活過的見證與心路歷程，是他們極盡一生燃燒後留下的璀璨印記。從現在開始，讓我們開始「愛戀」古典詩詞吧！厚積方能薄發，我相信總有一天，總有一個情境，總有一種心情會讓我們覺得，只有用某一句古典詩詞曲才能表達心中的感動！到了那天就會發現，之前不懂那些詩句，只是因為還沒有那樣的經歷和感受而已。

大考解析

如何寫好一篇「應試作文」？旨意詮釋、見解、文詞、結構、字跡工整、標點符號及試卷整潔等，都涵蓋在評分項目當中，雖然不一定要通篇引經據典，但是一定要完成應試作文中要我們回應的「寫作任務」，才是一篇可以獲得高分的應試作文。

以經典或詩詞名句做為寫作測驗命題，大學學測、指定科目考試、公職人員考試，都有考古題可供研究，鑑往可以知來，考試萬變不離其宗，就以一〇一年指考作文試題為例：

> **《論語》：「子貢問曰：『有一言而可以終身行之者乎？』子曰：『其「恕」乎！己所不欲，勿施於人。』」孔子因材施教，指導子貢以「恕」做為終身奉行的一個字。魯迅則以「早」字來自我惕厲，要求時時早，事事早，知在人先，行在人前。你認為有哪一個字是自己可以終身奉行的呢？請以「我可以終身奉行的一個字」為題，寫一篇文章。論說、記敘、抒情皆可。**
>
> **【一〇一年指考】**

人總免不了自己一個人的。有人怕寂寞，說：「寂寞，難耐。」他們怕孤獨，孤獨讓他們惶恐、害怕，感覺衣不蔽體，赤條條的脆弱。享受孤獨的況味，浸淫在這個獨特的氛圍。「獨」是我所奉行的。

你們說我不入流、不社會化。但，與我何干？寂寞天地中的一匹狼，踽踽獨行著。我有絕對的自由，不受人群羈絆，又像自由翱翔的鷹。我愛一個人看電影，我不在乎誰坐在我的旁邊，我恣意汲取黑暗中的靈性，不必在意他人的目光。我張狂地和劇中人物，以無聲的言語辯論，或者，以你們可能以為的濫情，為劇裡的悲慘而恣意流一滴眼淚。

（節錄自大考中心公布佳作）

大學入學考試中心公布的佳作，第一、二段巧妙地化用了唐代詩人柳宗元的〈江雪〉，「千萬孤獨」是這首詩中的藏頭成語，原文是：「千山鳥飛絕，萬徑人蹤滅。孤舟蓑笠翁，獨釣寒江雪。」身在看似一無所有的環境中與空寂共處，能夠在孤獨之中，領略到真正的平靜與自在，內化成心中的養分。「孤」與「獨」二字已經顯示出柳宗元遠離塵世的理想，甚至揭示出他清高脫俗、兀傲不群的個性特徵。千、萬、孤、獨所構成的畫面，凸顯了一種與世隔絕、孤高自遠的人生境界。

「筆下無典，其文必淺。」累積經典中的名人名言，並化用到自己的作文中，從而使自己的文章精鍊生動、神采飛揚、意蘊深刻，這就是最有用的寫作技巧之一！在這份考題中，考生應選擇具有正面意涵的一個字，清楚說明值得終身奉行的理由，結合個人生活經驗及經歷，更能為文章加分。

2 讀出邏輯力

國高中生補習選科目，英、數、物、化一定是首選，但這幾年來，補習國文科的同學愈來愈多了，什麼時候在升學文理補習班裡，國文科從「冷宮科目」變得炙手可熱？

「邱老師，我的孩子不是數學、理化不好，而是國文不好，因為『看不懂題目』！這個怎麼救呢？」家長的神情既無奈又焦急。

「『深化閱讀』的改變才是重點。」我不會強迫學生一定得補習，但這是中肯的建議。

「我的小孩從小就愛看書，這樣還不夠？到底該怎麼做才好？」

寫作能力一定是從閱讀扎根，學生從小應該也讀了很多故事，但在以考試為王、效率為上的教學環境中，膚淺式閱讀讓他們面對作文時甚至無法理解題意，只能從關鍵字去猜，將讀過的知識、故事等東拼西湊，洋洋灑灑寫了一大篇，結果沒抓到重點，閱卷老師便不可能給予高分。

我對深化閱讀的建議是：循序漸進，多元刺激。

一、**提取訊息**：例如動漫很容易引起同學的閱讀興趣，建議多聚焦在文本的對話與故事情節的邏輯，不要只看圖片，這樣對閱讀能力幫助不大。藉由想像力，試著進入作者的創作世界，從這一頁的圖片，猜想下一頁的劇情或是分鏡的技巧，這會比一頁頁欲罷不能地翻看來得有意義。

二、**分析文本**：長篇文章的閱讀一定要經由文本的分析，才能內化成寫作的養分，否則只是「看書」而不是「閱讀」。唯有透過思辨、理解、詮釋、創造與溝通文本，閱讀層次才能提升，否則就像瞎子摸象，摸到的訊息永遠只是片斷而零碎，閱讀能力當然連應付各學科考試的題幹都不足。

寫作也是如此，除了閱讀學校教科書，同學一定要經常閱讀課外讀物，因為教科書是濃縮知識的文本，只提供大略的訊息，只讀課本會造成知識與理解的嚴重不足。從看圖到閱讀文字，透過不同的媒材，深化閱讀，賞析文本並內化成自己的知識，寫作力才會迅速提升。

例如閱讀〈古詩十九首之二〉後，可以進一步做哪些文本分析？

青青河畔草，鬱鬱園中柳。盈盈樓上女，皎皎當窗牖。
娥娥紅粉妝，纖纖出素手。昔為倡家女，今為蕩子婦。
蕩子行不歸，空床難獨守。

——詩作是富有畫面的作品，若拍成電影，出現的主角應給人何種印象？
——「青青河畔草，鬱鬱園中柳」，此詩句的季節和哪些花開放的季節相同？
——根據第一首詩，主人翁最後的心情如何？

寫作力就是這樣透過「自問自答」，循序漸進地提升，只看而不分析，那不是真正的閱讀，你必須從略讀精進到精讀。

當前的會考、學測、指考的寫作測驗題目都是強調閱讀理解、統整思考，但是學校的國語文教學和考試，還是依賴書商提供的考卷，強調的只是國字注音、詞語注釋、文言文翻譯等層次較低的認知能力。然而比起以往只測驗文章解讀能力，「知識性的統整判斷能力」將是一〇七年起，考生要面對的寫作測驗最新趨勢之一，而這當然更具有鑑別度。

寫作力也不是只用來參加考試而已！

人的生命短暫，若充分利用時間，價值則不容低估。積少成多，鍥而不捨，堅持到底，就是勝利，學習語文也是這樣。我對學生的要求與期望一直很高，除了升學考試用書外，每學期都會要求他們挑選二本喜歡的文學書好好閱讀，就當作補習上課的補充教材。閱讀是習慣，不是本能，需要有人帶領，才能入門，關鍵點在於「累積」，而不是仰賴「奇蹟」。

此外，多關心周遭的人事物，培養觀察能力，進而對看到、聽到、接觸到的東西產生體悟，這對寫作的取材和命題的理解都有很大幫助。寫作就是要寫出自己的看法、感受，而不是人云亦云，或把老師、長輩們所說的人生大道理照抄，有深思體會過的道理寫出來才能感動自己，才會令人印象深刻，感動人心。

大考解析

在閱讀寫作的命題裡，「看圖寫作」是一種主觀的閱讀、想像的閱讀、價值觀的閱讀，是以學生生活經驗中較有趣的圖像，並以「靜態、動態」為經、「連環圖、單幅圖」為緯，藉以啟發思辨能力，一〇四年學測作文試題第一題就是很有意思的命題：

如果左圖中的人物穿越時空來到現代，你認為他正「低頭」做什麼？請從他的行為設想一個情境，並提出你的感受或看法。文長約一百～一百五十字（約五～七行）。

（改繪自DuncanDesign作品）【一〇四年學測】

李白穿越時空來到現代，在異鄉的他，舉頭仰望夜空中柔美的月色，不禁想起遠在唐朝的親友，是否也和自己一樣，也正仰望著月亮，共想過去相處的種種美好時光呢？李白低下頭，看著智慧手機裡親友的現況，透過社群軟體，分享著彼此的生活。現代科技發揮了「天涯若比鄰」的功用，人與人之間的情誼天涯咫尺，超越一切阻隔，情感的溫度也得以經常留存。

（屏東女中三年級　李雯樺）

李白也穿越時空了！

這是大學學測國文科首次以分格漫畫做為看圖寫作的命題。試題取材自知名網路漫畫家的作品，以有趣的圖像及大家耳熟能詳的李白〈靜夜思〉命題，寫作任務是要求學生設想情境並提出個人看法，但因第三圖人物手中的「長方形物體」容易被視為手機，可能因此框限考生的思路。

想在眾多試卷中獲得閱卷老師的青睞，考生在作答時，除了必須具體回答此人物正「低頭做什麼」、描寫個人生活經驗之外，對於「情境設想」的敘述也要完整且合情合理，更重要的是對這個情境行為的理解與看法，是否能跳脫對一般人使用手機的評論。

3 寫成心得，讀得更通

「為什麼要寫讀書心得？」這是學生常問我的問題，尤其寒暑假作業一定有一項是讀書心得。學生常在看完書之後才開始想怎麼寫讀書心得，卻不知道如何用文字捕捉躲在他們心裡的感觸——是書談得太深，還是自己理解得太淺？也有學生只寫了二、三百字就不知道如何接下去。不過其實讀完書、寫心得，是有神奇妙用的！

補習班在寒暑假為了招生總會挖空心思，舉辦營隊或密集班之類的課程。每年我都會受邀參與補習班國小中、高年級「國語文領袖菁英營」的教學，這類營隊規劃通常偏重閱讀和寫作，教學上務求生動活潑有趣。有一次，補習班開出二百本書單，整個暑假進行導讀、分享、心得寫作，看完五十本書的人獲得舉人獎、一百本書的人獲得進士獎、一百五十本書的人獲得狀元獎，以吸引學生們讀書、寫心得。

「看得好累又好趕喔！」玉芬是第一個拿到進士獎的學生，但她滿是無奈。為了拿到進士獎，媽媽每天都要求玉芬寫讀書心得。當時補習班一連開了五個班，班班爆滿，是這些學生真的需要補習？還是被家長逼著來上課呢？

其實寫心得最能檢視自己是否讀懂一本書了，寫作內容則不外乎下列幾項重點：

一、書籍基本資料：書名、作者、出版社、出版日期、頁數、文類、譯者、繪者等。

二、內容摘要。

三、佳句摘錄。

四、心得感想：正面收穫；自己對特定議題的看法是否在讀完書之後有所改變；將來遇到類似問題時，該如何應對；亦可以繪圖的方式整理心得。

五、列出生難字詞或段落，查明意義、典故或用法。

六、喜歡的原因。

七、全書優缺點。

八、想推薦給誰看？為什麼？

九、如果自己是裡面的人物會怎麼做？

十、替這本書評分。

余秋雨說得好：「閱讀的最大理由就是想擺脫平庸。一個人如果在青年時期就平庸，那麼今後要擺脫平庸就十分困難。何謂平庸？平庸是一種被動又功利的謀生態度。」仔細思考文章架構，回溯閱讀歷程，以有組織的方式表達個人收穫，進而訓練自己歸納書本知識的能力，同時也學會自我反省的態度，這就是心得寫作的神奇妙用。閱讀可以是件快樂的事。與其短期而大量地讀完一堆書，囫圇吞棗，不如養成習慣，每週閱讀一本課外讀物，這樣累積下來，一年就閱讀五十二本書了。閱讀是藉由書本，為了滿足我們的好奇心而學習，我們因此對一切未知問題保持探求答案的熱情。

大考解析

以一〇〇年指考作文試題為例，以真人實事命題，從個人內在自省出發，透過理解自我的成長過程，以及重新爬梳生活經驗並賦予意義，進而重新擁有過去、理解現在，並朝向未來。

吳寶春十五歲開始當麵包學徒，經過二十多年各領域、多方面不斷地努力學習、嘗試、創新，終於在二〇一〇年運用臺灣本土食材，以「米釀荔香」麵包獲得「世界麵包大師賽」冠軍殊榮。他說他以後仍會用「很寬很深」的方法繼續研發創作；「很寬」是指學習更多領域，「很深」是指加強基本功。這是吳寶春對寬與深的看法。請你依照自己的體會或見聞，以「寬與深」為題寫一篇文章，議論、記敘、抒情皆可，字數不限。

【一〇〇年指考】

身為已經歷小學、國中、高中十二年國教的學生，我常常在思索，如果讓我選擇受教育的方式，我會希望那是怎樣的方式？

其實，現今升學制度下，我得承認，大大小小、林林總總的考試限制了我們的眼界，某種程度箝制了我們以更「寬闊」、更「有深度」的心態去面對我們所學習的事物以及各種生活中的問題。

……（中略）……

在學習的過程中，有一些事情其實遠比所謂的「正解」與「好成績」還重要，那就是培養一個人對事物的探索，對知識的追逐能有更「寬與深」的態度，而非膚淺的，以一個單一價值去評斷一件事情的是與非。

在這複雜混亂的社會裡，媒體大肆報導著各式議題，我期待自己在種種問題中，能以更深更寬的角度去探究，成為一個有智慧的公民。

（節錄自大考中心公布佳作）

佳作作者以自己為升學考試讀書為例，說出其中「寬與深」的意義。作者認為讀書應該是培養自己在心理上、品格上、知識上各方面的基礎能力。未來若要實現自己的理想，就需要扎實的能力。

好的布局應該在一開始就破題，接著敘事，帶出題旨「深與寬」在文中的意義，最後總結，最好首尾呼應。

4 不補習的自我修煉

補習班的作文班之所以能不斷開班，就是有一套制式的寫作公式，讓學生無論遇到什麼命題，都能套用公式或見招拆招。歷年來大考作文有許多考生會在文章中套用成語、語法或名言佳句，但閱卷老師「閱卷無數」，總能輕易識破所謂的「作文公式」。其實學對方法，同學自然有興趣寫作，作文要拿高分，除了要掌握應試寫作的技巧，扎實的基本功更是重要。但這些功夫只有在補習班才學得到嗎？

我們的學生每天從早自習到第八節放學，先不說原本國語文程度就不太好的孩子，即便是程度好的，連睡覺的時間都不夠，常常陷入準備大小考試都來不及的苦海中，在課業壓力的層層逼迫下，根本沒有多餘的時間練習寫作，加上現在家長很擔心孩子無法和其他人競爭，補習成了不得不的選擇。

不過，我們要考慮的不只是值不值得花錢來學習寫作，因為補習可能會成為一種依賴，變成「功利學習」的推手。而且上補習班補作文不一定適合每個學生，因此應該思考有無可能透過自學的方式來解決寫作的問題。

有一回，育程的媽媽在下課後特意和我聊起他的學習狀況：「以前國中國文課，每週至少還會有一堂作文，交一篇文章，加上每週的生活週記，訓練量應該足夠了。現在上了高中，課業壓力大，育程的國文科成績下降很多，尤其作文也愈寫愈差。」

我把準備作文的基本功教給育程，讓他在家也可以準備，但在家練習有二個問題要面對：一、自我學習需要恆心和決心；二、寫完的作文要有老師幫忙閱改。因此我要求育程每隔一週交給我一篇作文，閱改後除了給分數和評語之外，也會給他講解與建議。

我必須承認，作文無法靠短期或密集上課進步神速，但是也不否定補習的功用，某種程度上它是一種「強化性學習」，使學生更易掌握寫作技巧，到頭來能否真正有所進步，全看學生個人的領悟和努力。事實上，只要學生有恆心且廣泛地閱讀，利用補習優化自己的學習效率，解決一些寫作上的瓶頸，確實能夠激發學習動機。

時間分配	任務	行數	寫作內容	寫作技巧
五分鐘	第一段	四行	用二至三句話破題開場	注意切入主題的客觀性
十二分鐘	第二段	十行	寫故事	人事時地物
十二分鐘	第三段	十行	寫因故事所引發的心得或啟示	正論或反論的獨到見解
六分鐘	第四段	四行	結尾（可用感嘆句或引用名言錦句）	首尾一定要呼應
五分鐘	檢查		檢查錯別字，注意卷面整潔	再檢查全文一遍

我給育程的作文基本功很簡單，以四十分鐘完成一篇文章為原則，注意時間分

配、寫作內容、寫作技巧：

新制大學學測的稿紙每行二十二格，應試時「卷面」的安排非常重要。以四段式寫法為例，每段的行數分配黃金比例是「四：十：十：四」，這樣可以形成均勻舒爽的卷面印象。二十八行大約可以寫六百字，同學當然可以依照個人程度與時間分配，適度減少比例。

平常多看學測、指考的歷屆試題，同時練習寫下自己的切入點、寫作大綱，判斷要以抒情兼記敘、還是論說兼記敘的方式敘寫，並整理相關的名言錦句；接著用稿紙寫成文章，請老師幫忙閱改。即使在家練習也要注意時間分配，養成「限時作答」的習慣，一定要在應試時間內完成，先求有再求好，否則到了考場，就容易發生寫不完的悲劇。

大考解析

「有經驗」或「沒經驗」其實各有利弊；是利是弊，是阻力是助力，端看事件的性質、事態的發展或當事人如何看待……而定；至於「好經驗」或「壞經驗」，或許也存在著不同的意義與影響。

請以「關於經驗的N種思考」為題，結合事例與看法，寫一篇完整的文章，文長不限。

【一〇六年學測】

考試時，先花五分鐘構思。題目是「關於經驗的各種思考」，命題老師使用「N」這個英文字母是凸顯「多種思維」的意思，應試時絕對不要在這裡鑽牛角尖。

若選擇記敘文的寫法，引文命題中已畫出寫作內容的範圍：「有經驗」或「沒經驗」；「好經驗」或「壞經驗」。寫作時先想想某項經驗為什麼令自己印象深刻？要用直敘法還是倒述法？通常倒述法較能引起閱卷老師的興趣。

如果是採論說文的寫法，一〇七年學測的國語文寫作特色為「破除價值觀的迷思」，一〇六年這題「關於經驗的N種思考」已經符合這樣的命題趨勢。通常我們總是視經驗為寶貴的，本題的引文卻說「『有經驗』或『沒經驗』其實各有利弊」，又說「『好經驗』或『壞經驗』，或許存在著不同的意義與影響」，這就推翻了一般約定俗成的價值觀。

「關於經驗的N種思考」四段架構的布局為：第一段用二～三句開場、第二段得好生想想，有經驗有什麼不好？沒經驗有什麼好？好經驗有什麼壞影響？壞經驗有什麼好影響？第三段講道理論述，例如：有、無經驗其實各有利弊，經驗之好、壞也存在著不同的意義與影響。第四段收尾（名言引用）。

根據多年來的教學經驗，類似思考生活價值觀的命題，若用「抒情」的方式寫得好，較有機會拿高分。「關於經驗的N種思考」這個題目，用「記敘文」寫的考生最多，有能力用論說文的方式切入「經驗」角度的考生較少，若用抒情文來寫，而且要寫得有深度就不容易了，最好能寫到人間情感的描述，比如：父母親情、手足之情、緬古懷今之情……格局才會大。

破題後就是分段論述，「四段架構式作文」是最基本的格式，一定要多加練習，名言錦句要靠平時多分類整理、多記憶。再來就是所謂的「小題大作、大題小作」，試著把小題目的格局寫大，從細節切入大題目。

最後，寫作一定要有「主見」，好讓閱卷老師眼睛為之一亮，因此培養自我觀點非常重要。所謂「主見」就是真實地說出自己的觀察與見解，隨便引用前人的經驗、套用濫熟的陳腔，都不符合「主見」的真諦，因為經驗、想法是自家的，不能憑空從別人處取得。再看未來「國寫」題的測驗目標——考生能否針對各種現象提出自己的見解、能否具體寫出個人實際的生活經驗，這些都已展現在這道命題中了。

我們的社會可以運用什麼樣的鑑別方式來發掘人才呢？政府說要努力讓教育變得更有前瞻性，即將實施的「一〇八課綱」，要給學校更多課程設計自主性，著重在學生如何學習的過程，而非一味地背誦知識，強調「成就每一個孩子」。是啊！考試不是用來主宰學生的，升學更不應該成為一種標籤化、階級化。

寫作在任何時間都可以起跑，只要同學們願意嘗試努力，無論以何種方式起跑，跑得快還是慢，相信都能夠公平地向理想前進，建立無憾的人生！

5 戒斷滑手機，提升感受力

現在電子產品發達，時常看到許多人在公車上或搭捷運時，低著頭盯著手機螢幕，雙手不停地忙碌，全都在滑手機。一般人多半將時間花在玩手機遊戲和看影片上，是不是翻書、看書的年代已經離我們很遠了呢？根據調查，臺灣有近二十％的學生對閱讀沒有興趣，甚至很少將一本書讀完。就連圖書館景況也變化許多，假日或考試前，圖書館座位勢必爆滿，必須很早來才有位置，但是有了位置的人不見得在讀書，一直滑手機或戴耳機聽音樂、看影片的人也相當多，而通常只要打開手機螢幕就沒完沒了！其實，學生需要自主學習的能力，而大量閱讀是學習上很重要的基礎，基礎打得深，才可以將興趣或想法變成專業與知識。

我的某些學生現在上課也不抄筆記，而是下課向同學借筆記，用手機拍照儲存；也有些同學下了課總是待在教室裡忙著滑手機。其實手機對人際關係和有身心都有很大的傷害，我想幫助學生們脫離這些危害；於是，說服班主任在補習班發起了「禁用手機三天」體驗活動。

我請補習班發信給家長，同時結合其他講師和班導師的鼓勵，結果全補習班有八成的同學報名參加。大家收起手機，開始體驗沒有手機的三天。補習班動了起來，班導師還頻頻打電話給家長「打氣」，鼓勵家長幫助學生堅持下去。學生到補習班之後，也請他們在上課前十分鐘寫心得卡，自己貼到布告欄上。

有同學坦白：「一開始超不習慣，我本來就非常依賴手機。」

也有人發現：「不帶手機到學校，上課比較專心，會認真抄筆記。」

「沒有手機，下課就會到教室外面走走，或和其他同學聊天。」

「直接看到同學的反應和表情，比手機貼圖生動多了。」

俄羅斯著名小說家托爾斯泰說：「時間就像西伯利亞的春天，美麗而短暫。」我說：「讀書要靠自制力。自制力不夠強的人，手機就不要帶了。」時間真的很寶貴啊！

舉辦這個體驗活動，原本是期待學生們不要因為太過依賴手機而影響學習，但是也發現戒斷滑手機的欲望，讓我對生活周遭事物的感受力提升了，這對寫作有明顯的幫助。

在家裡吃飯時，你是否也是一有空檔就拿出手機滑呀滑，而不是和家人閒話家常？吃完飯後，又是滑手機等著看電視、吃水果呢？難得全家人出去玩，到了旅遊景點，美麗景致被擱在一邊，你是否正拿著手機拚命滑、拚命自拍？科技發達雖然使我們的生活方式更便利，卻也使人際關係疏離，人與人之間的往來互動變少。

我們若真的變成手機奴，要如何細膩觀察、感受生活中種種酸甜苦辣呢？沒了生活的真實觸摸，如何寫出生動的好文章？例如過年期間，臉書上的拜年雖然方便表達恭賀與祝福，但那些年味、人情味，怎比得上用心發想一段特別祝福的文字，更讓人感到窩心呢？我們應該把時間多留給家人和自己，盡量減少使用手機的時間，特別是還在求學的同學們，人人都成了「手機控」，絕對會影響學習。戒斷滑手機的欲望吧！還在求學階段的你，應該盡量避免過度地依賴它們，以免對生活帶來許多負面影響。

大考解析

題目：影響生活的一項發明

說明：

想像一下，沒有眼鏡、牙刷、沖水馬桶、鞋子、照相機……，生活會有什麼不同？許多發明對生活產生極大的影響：鎖的發明，除了保護居家的安全，也是對個人隱私權的一種宣示；藥物的發明，除了紓緩個人身體的不適，也可以控制人類疾病的蔓延，但有時也可能因濫用而危害生命。請寫出一項發明，就你的經驗或見聞，說明它對生活的影響。

【一〇一年基測】

俗話說：「一日之所需，百工斯為備。」我們耳目所及的萬事萬物——哪怕是一件微不足道小事、一項毫無存在感的工具——都不僅是周遭眾人的合力，還必須仰賴先人智慧的積累。儘管有些連發明者都不知何許人也，但這些看似稀鬆平常的發明，其實默默影響著我們。

衛生紙就是屬於這種發明。它從何而來？無人知曉；它又有何裨益呢？好像只能讓人信手拈來，擦擦桌面而已，並無什麼貢獻啊！相信我們對衛生紙的第一印象便是如此：有髒汙就隨手抽一張在其上擦拭，等到擦乾淨時，我們還會對那時已汙穢不堪的它投以嫌惡的眼光，巴不得它立即從眼前消失。但是，假如有一天沒有它了呢？

……（中略）……

從那一刻起，我便了解到：衛生紙之所以偉大，不是因為它能捨身將己陷於汙穢，也不是因為它隨抽隨用，而是因為它甘願奉獻出自己，讓我們脫身。不論我們是否會感激、重賞它們，都甘之如飴。這一點是抹布、手帕所比不上的，像那時身陷於困境、動彈不得的我，絕對不會用我的上衣來讓我脫身，因為我深知它們沒有像衛生紙那樣甘心被棄置於噁心、臭氣飄散的垃圾桶中的氣度。若是沒有衛生紙，我們便不得有一塊清新怡人之地；若是沒有衛生紙，疾病們一定會從貧窮落後之地爬到文明的都市中；若是沒有衛生紙，我們的社會必不可能和諧、喜樂。衛生紙啊！真是一項影響生活的發明呢！

（節錄自師大心測中心公布佳作）

審題時，必須以「一項發明」為寫作範圍。針對該項發明「對生活所造成的影響」，提出個人的觀察與見解。不論以記敘或說明的手法寫作，都要透過個人的經驗加以以議論或抒情描述；透過客觀的觀察經驗，表達此項發明「對生活影響」的情形、個人感想和反省。

「科技始終來自於人性」，人類對便利生活持續地需求與想像，促成了科技的永續進步，也致使我們對未來的生活抱有更多期待。這份佳作寫的雖然不是手機，但作者帶入自己主觀的感受，夾敘夾議兼具主觀情感論述，能完整掌握此次的作文題目寫作任務，給學生也給大人一個很好的省思。

能夠得到閱卷老師青睞的優秀作品，必須是除了能清楚論述該項發明在日常生活中發揮的影響力之外，並且能夠連結社會現況、人文的關懷，進一步帶出個人的親身體驗。

6 閱讀是最值得的投資

投資理財專家告訴我們要「定期定額」，才能創造穩定的投資報酬率。為自己閱讀也是值得的投資，因此應該「定期定額」，每個月為自己儲存一些創意、儲存一些新知，累積一些正能量、一些想像力，體驗全世界的美好時光和回憶。每個月花一些時間看課外書，絕對是最值得的投資。

在臺灣，推廣閱讀成為學習的軟實力已經很久了。從幼稚園到國小，閱讀繪本和讀本最受小孩喜歡。然而隨著同學們來到小學高年級，甚至是國中階段，在身心靈最需要開拓與啟發之際，升學壓力就像一隻可怕的怪獸，探索教科書以外的可能就此被阻斷。

翻閱一本書時，同時就開啟了一個新世界，為不同成長階段的自己，提供更多元的精神食糧，相信一定會讓人會愛上閱讀。

冠婷是我國三會考國文科總複習班的學生，她上課時通常早到，在老師還沒到之前，或者下了課等待家長接送的空檔，她總會放一本看了一半的課外書在書包裡，利用零碎時間，拿起來讀一點。

「妳今天看什麼類型的書？」下課時我會去關心一下學生的「練功」讀本。

「少年鱷魚幫。」

「哇！偵探小說耶，好看嗎？」看她笑得燦爛，就知道答案了。

學生在升學壓力與成長矛盾雙重影響下，沒有時間、沒有心情閱讀課外書籍的確是普遍的現狀。學校的教科書就像米飯，我們不可能要求自己每天只吃米飯過日子；要均衡飲食，就要從各類天然食物中攝取養分，而各式各樣的課外讀物就是很好的養分。升學主義掛帥，許多家長總認為學生該把心力放在教科書這類「有用的書」，但課外書籍絕對不是「沒有用的書」——input 的來源愈多元，output 的結果才會愈豐富！

現今的大考測驗題型大量從生活情境取材，強調深度理解與思考判斷，藉由課外讀物所學習的知識，若能與教科書對照連結，進而內化成自己多角度的思辨能力，將大大提升寫作力。所以不妨把眼光放遠，培養自己享受閱讀的樂趣，並且願意透過文字表達內心的看法，這樣的關鍵能力，終身受用。

大考解析

「飛」是一種文學上的象徵性詞語，透過具體事例的對照，並運用考生熟悉的語言扣緊「飛」的主題意象。以九十五年大學指考國文考科作文試題為例，這個命題考驗學生的文字運用能力，完全符合一〇七年「情意感性文章」的測驗目標，值得我們參考學習。

「想飛」只是暫時的心情，其動機或許來自內心的渴望和對現實的叛逆，重點在於如何踏實逐夢、積極作為？每個人都該聆聽內在「想飛」的心聲，實現飛的夢想，才可能飛翔在理想的國度當中。

> **人總是想飛的。飛，是一種超越，帶來心靈的自由；但也有人禁錮自我，扼殺了想飛的念頭。你是否想飛？你想飛翔在什麼樣的國度？飛帶給你什麼不一樣的感覺與改變？試以「想飛」為題，寫一篇結構完整的文章。敘事、抒情、議論皆無不可，文長不限。**
>
> **【九十五年指考】**

〈想飛〉是相當生活化的作文題目，可以從友情、親情、自己的成長歷程等多個面向切入，既可以議論，也可以敘事兼抒情，相當有鑑別性。然而，這樣的題目要寫得有特色，就有一定難度了。不過有限的應試時間中，仍有不少優秀的作品。例如：

我想飛，想飛至星空，摘一輪明月，挾飛仙以遨遊，我想像自在的鳥兒一樣，不受拘束，任意飛翔，我還想飛到精疲力竭的時候，棲息在大地的懷抱中，當黎明來時，盡情展翅，飛向遼闊的天空。

飛出所有壓力的桎梏，掙脫纏在身上已久那無形的繩索，他人的期望或許也不能將我束縛，我像破繭的飛蛾，醞釀已久，而重獲自由。

我開始學會自己去想像，關於飛行的感覺，就在每一個不為人知的夜裡。夜是漆黑的，我翱翔在天際伴著鵝黃色的月光俯瞰這我居住了十八年的城市。風在身下呼呼吹過，我張開雙手彷彿就能擁抱這整個世界。

（以上範例摘自大考中心評分原則）

「情意感性文章」旨在測驗考生的生活經驗、內心情感真誠表達、想像力的發揮、遣詞造句等綜合性的寫作能力，閱卷老師評閱作文時，也必定會以文章整體的情意感受抒發能力為評分依據。考生一定要選擇切合個人生活經驗與情感的題材，才能寫出情意深刻的作品。至於遣詞鍊句、謀篇成章的功夫，則須要從平時的定期買書、借書、看書中，多多賞析名家的作品、擴充閱讀的量與質，相信在不斷提筆練習寫作中，同學們寫作力就會慢慢地提升了。

7 小說啟發寫作靈感

每年都有家長提議：「請老師推薦一些名家著作，做為讓孩子國文成績進步的課外讀物。」

凱翔的媽媽有次和我分享：「其實這幾年買了不少書，但凱翔看得不多。」除了學校課業負擔重，很難有充足的時間閱讀，「也有些書實在沒辦法引起他的閱讀興趣。」

古希臘人亞里斯提卜說：「最有益的不是博覽群書，而是選最有用的書閱讀。」同學們只有對喜歡的書才會認真看，不喜歡的書，翻開也看不進去！像凱翔，他非常喜歡看科幻小說，雖然大考作文不會考寫小說，不過我認為好的小說也是「有用的書」，對於豐厚生活經驗有極大幫助，故事當中的精彩發展，更能啟發同學的想像力。

了解好小說應具備的條件，對大考寫作有極大的幫助。我一直認為新制作文中的「感性文章」考題需要的創作能力，可以在優秀的小說中學到，包括：人物建立、劇情鋪陳、對白設計，深度的反省能力等。小說能提供的寫作資源廣且深，對高中生而言，也絕對是可以輕易上手的閱讀媒材。

好看的小說，至少具備以下的條件：

項目	條件
角色	鮮明生動	角色真實動人，對白與思考前後連貫、自然不造作，有躍然於紙上的生動性。刻畫人物的功力，不管是透過其他角色帶動也好，角色本身的主動發揮也好，文字要能準確地刻畫出角色的人格特質，讓人產生深刻的印象，形成高度的辨識感。
劇情	符合邏輯	令人拍案叫絕且淋漓盡致、高潮迭起，有趣兼顧合理性。例如科幻小說，寫科幻小說就該有科幻小說的樣子，總要寫出那種氛圍的淬礪精髓，不是出現幾個「會吃人的異形」、「會穿越時空的人」就是科幻小說了，披著虎皮的狐狸終究是假的，和劇情不能完美結合的奇幻設定，盡是堆砌無厘頭的情節更是毫無意義。

對白	經典雋永	經典對白往往有趣且富有哲理，讓人在大笑或感動流淚之餘，還能對人生有所體悟，甚至能在影迷間傳誦不衰。例如：《哈利波特——神祕的魔法石》裡的奎若教授（同時是佛地魔的化身）：「這個世界上沒有絕對的善與惡，只有強者和無法分清事實的弱者之間的區別！」
結局	深度反省	好的結局能發人深省，同時反映作者的藝術價值觀、思想深度。結局也是審視小說成敗時最重要的一環。

書海浩瀚如江海，依自己的能力及興趣，挑選一些趣味又有助益的小說，進而形成良好的閱讀習慣，絕對是獲益良多。閱讀可以讓我們感受不一樣的人生；閱讀可以讓我們學習如何獨處，而且因為探索、自省，進而陶冶同理心的高尚品格。最重要的是，因為閱讀而發現自己的不足，心靈獲得啟發，不再感到空虛、寂寞，物質上的欲望滿足永遠追求不完，我們最需要的是，在心中擁有真實且正確的人生觀及價值觀。

大考解析

在舉世滔滔中，想要偏安於一隅，以為世局會永遠不改變，永遠可以用同一種生活方式度過人生的種種挑戰，簡直是天方夜譚。九十九年指考作文試題〈應變〉，考生的寫作任務是以「事件」為軸，闡述出生活中碰到一些料想不到的事，是人為甚至是天災的意外，完整地寫出事件的來龍去脈後，是得到處理的感動，或是無法處理的無奈，以及讓自己獲得什麼樣的體悟？這是一道感性的命題，值得同學們參考學習。

> 生活中總會碰到一些料想不到的事，面對意外之事，該如何處理，處理之後可以讓人獲得什麼樣的體悟？請以「應變」為題，寫一篇結構完整的文章，議論、敘事、抒情皆可，文長不限。
>
> 【九十九年指考】

人生漫漫且不可預期，總是有事情不照計畫走、結果跟預想截然不同的時候。這些料想不到的意外，有時是危機，亦可能是轉機。如何才能化危機成轉機，化困難為助力？最好應變意外阻礙的方法，就是那股永不放棄的情操。

轟動全球的3D立體電影阿凡達的製作者——同時為著名電影鐵達尼號的導演——詹姆士．柯麥隆，當時在拍攝時遇到了預算不足的危機，然而為了拍出心目中最理想、最完美的電影，雖然已身負臺幣二十億的天價債務，跟所有人反目成仇，上映時間一拖再拖，演員怨聲載道，但為了等待一個最完美的日出，仍堅持在資金捉襟見肘的情況下讓整個劇組停工一週。柯麥隆也學追求藝術極致的大師梵谷，在那擁有最先進剪輯技術的電腦旁放了一把剃刀，下面壓著一張紙寫道：「如果電影爛透的話，就用它！」

此外，柯麥隆為了打造最逼真的科幻星球，不惜所費請了歷史學家編造文化背景；生物學者為其所有生物命名；還請了語言教授創造出一套擁有完整發音系統和文法的全新語言。最後上映時，票房打破紀錄，刷新電影票房的歷史。我知道，柯麥隆因著他的理想，成功地化解危機。

……（中略）……

有人曾問柯麥隆如此大的成本難道不怕風險？他回答：「最大的風險就是你不冒險。只要盡全力往高標準冒險，即使失敗了，仍然比停留原地走得更遠。」我要學習柯麥隆應變危機無懼艱難、永不放棄的精神，我相信我的腳步因自信而鏗鏘有力，足以震碎所有意外；我相信我的眼瞳燃有決心的火焰，能照亮前方的道路；我相信我的臂膀因堅持而孔武強壯，能負起不論多重的行囊，能斬去一路上的荊棘，凜然向前，追求屬於自己的人生。

（節錄自大考中心公布佳作）

本篇佳作是以導演詹姆士．柯麥隆拍攝「阿凡達」時，為了能打造3D立體視覺效果的電影不計成本，卻因此面臨資金不足等種種的挑戰，最後柯麥隆克服困難終能拍出理想電影的事例，說明了只要不輕易放棄、無懼艱難，就能「應變」危機。結構扎實，文筆流暢，是一篇難得的佳作。

國文的語文能力是扎根力久的工夫，不可能一蹴而幾。想增強語文能力的不二法門，就是多讀、多想、多寫。每天聽一首歌、讀一首詩、欣賞一幅畫、寫下幾句心裡的話，就讓讀書和寫作，成為一輩子的好習慣吧！

8 建立有省察力的人生觀

我在補習班教書的對象，不管是國三會考班、高二學測班、國考公職班都是踩在人生轉捩點上的學生，少子化、十二年國教、大學升學率百分百、公職年金改革等因素，使得這幾年來補習班愈來愈難經營，學生的整體素質和讀書習慣也有變差的趨勢。有回下課時間，我和一位上課經常遲到的國三學生聊天：「經過一個暑假，我愈來愈感受不到你上課的認真態度了。相反地，我只看到你的疲憊。琪譽，你不想力爭上游嗎？」

「幹嘛要力爭上游？我已經在上游了，老師！反正我爸已經告訴我高中念私校，大學直接送我出國念。」

這回他倒蠻有精神，還和我抬槓。我問班導師，得知這個學生所言不假，而且他是那種爸媽都拿他沒轍的學生。之後我就更加想要「管管」他，再有回下課時間，我問他：「你為什麼要讀書？」

他似乎對這個問題感到有些疑惑，愣了一下；經過幾秒鐘，終於回答：「賺錢！」

說出這樣的答案，該說是沒腦袋還是沒有目標呢？許多學生對自己為什麼要讀書，眼裡、心裡盡是茫然。做老師的都是打從心裡為學生好，即使忠言逆耳，不見得會得到共鳴，還是會耐著性子和同學對話。

我回答：「讀書真的能賺錢嗎？真想要賺錢的話，就應該去學做生意。文憑的價值是虛幻的，畢業可能等於失業；就算找得到工作，現在的大學生是二二K起薪，真的賺得到錢嗎？」

「老師只會說大道理。你不也因為讀書當了老師，在補習班賺大錢？」

「讀書當然有機會賺到更多錢，但更重要的是幫助我們了解『我要成為什麼樣子的我？』了解自己的潛能、未來的生活方向、可能完成的夢想，更重要的是，如何完成它。」

許多同學透過閱讀與生活體驗，在成長過程中逐漸建立自己的核心價值，寫作就成了一種投射，不管應試作文的題目是什麼，考生一定是從自己的生活感受寫起。如果價值觀偏差，寫出來的文章不是憤世嫉俗，就是毫無省察能力，這類文章都無法獲取高分，例如九十八年學測作文試題〈逆境〉，有考生只寫了「人生中最大的逆境就是從來沒有遇過『逆境』」。而這位考生是真的從未遇過逆境，或是從來不曾思考逆境的存在與意義呢？一個自認沒遇過什麼逆境的高中生，換個角度想，可能不是幸運的！這就是很好的省察能力，能引起閱卷老師共鳴的開場白。從小逐漸對生活的冷酷與不幸缺乏感受，的確是種逆境。

「什麼是教育？簡單一句話，就是要養成良好的習慣。」而閱讀首重和生活產生連結，透過閱讀，可以建立好的前進方向，活出自己的人生目標。願意和書本成為好友，用心和書交流與對話時，才能建立自己的核心價值觀。股神巴菲特說：「因為我們無法選擇人生從哪裡開始，但能力、熱情和堅持，可以讓我們選擇要成為什麼樣的人。」因此身為老師，我有個偉大的使命，就是幫助學生認同自己是個優秀的人，願意盡自己最大的努力，成為你該成為的那個人。養成閱讀習慣，或者透過閱讀找到自我「身分認同」是一個艱辛的挑戰，且需要極大的熱忱。但是就像植物必須經歷一段成長的過程，才能開出美麗的花朵，才能結實纍纍。同學們也必須經歷相同的過程，就好像種子被一層又一層地剝開，你們的生命也會在自己的眼前層層地展開，有一天一定會體會，生命中的每一件事情都是為了讓自己做好準備，活出屬於自己的人生目標。

大考解析

一〇一年學測作文試題引用老子的「勝人者有力，自勝者強」，要考生敘寫自己或是他人的生活經驗，寫出一篇「自勝者強」的文章。這是自我惕厲，充滿正能量、積極進取的題目，與往年的學測題目「逆境」、「想飛」、「探索」等命題，有異曲同工之妙，都是讓考生可以有更多的自省與察覺。

> 老子說：「勝人者有力，自勝者強。」所謂「自勝者強」，是指真正的強者，不在於贏過別人；而在於戰勝自己。現代社會中，許多人喜歡跟別人競爭，卻不願好好面對自己，克服自己的弱點。其實，只有改進自我，才能強化自我、成就自我。請根據親身感受或所見所聞，以「自勝者強」為題，寫一篇文章。論說、記敘、抒情皆可，文長不限。
>
> 【一〇一年學測】

一條河的價值，不在它比其他河流更寬、更長或更深，而是在它自己的河道中，和自己競速所激出的剔透水珠。小時候，總坐在灌溉農田的河流堤防上，看著爺爺收割稻穀。

鄉村中，農人們總是大肆地比較著，誰的田長出的稻比較多、比較健康，因為他們總認為田裡的稻是自身精神和價值的實體化後的結晶，如果自己的稻米勝過別人，那自己的精神、價值，就會被大夥多敬三分。一片金黃的波浪中，風摻著人們互相比較的聲音，流向爺爺，但爺爺卻不為所動。爺爺出生在早期的農村中，這也說明爺爺註定像條河，走著崎嶇的道路，我雖然無法得知他的成長過程，卻能在秋日的農田稻穀中，窺見爺爺的精神。田中飽滿的稻，閃著秋日發出的獨持光譜，解析光譜，我讀到了爺爺的生命價值，不是在和人比較後得來的結果。

每每和爺爺坐在河堤上，總拉著他的手問：「為什麼爺爺不和別人比稻穀？」而爺爺總回答：「稻穀的價值由他們決定，而我的價值我自己決定。」每次爺爺說出這句話時，我都能從他手上粗糙的紋路中，覺受到一股生命的熱度，不和別人比較的精神所散發的生命熱度。望著爺爺黃金色般的農田，今年也是豐收的一年，旁邊河水獨自流著。

細聽一旁的流水聲，突然覺得爺爺就是那河流，但再細聽，其實我們都應該像一條條的河流，有時匯聚，有時分散。我們的價值不是和別人比寬、比遠、比深，而是在克服自己河道上的礁石、激流後，噴濺出來的透明如水晶般的水珠，那水珠會在陽光照耀下，散發出五彩光芒，那光芒訴說著自己的生命價值，也闡敘了「勝人者有力，自勝者強」的道理。

（大考中心公布佳作）

佳作作者藉由農夫爺爺的人生價值觀，闡述「自勝者強」的璀璨。第一段先以「河流」價值破題，再回想起自己小時候在河畔的光景；二、三段描寫爺爺柔性的力量；最後以「自勝者強」總結，展現出謙虛、包容、體諒、感謝的軟實力，戰勝硬實力。

主題二

實用技巧，無往不利

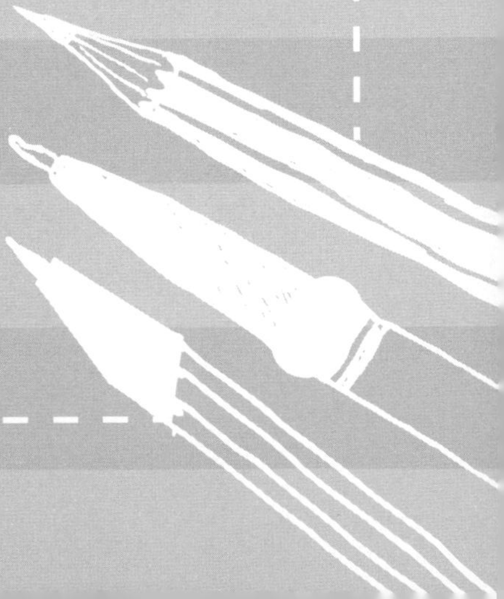

1 大膽仿寫名家作品

常有人批評，應試作文制式又八股，沒有文學價值；但必須釐清的是，寫作測驗考的是能力鑑定，應試作文便是語文能力的綜合展現，因此本來就不是以文學創作為標的。但是想要提升自己的文筆，從名家作品可以有效學到其精神。

從練習一句話的表達開始，除了把自己想說的話寫下來之外，其實，還可以進行句子的「仿寫」。從著名作品的優美文句下手，仿寫的過程能夠多方面了解文字的運用，加強遣詞造句的能力，以便在寫作時可以更準確、更完整地表達情意。

教完李白的〈長干行〉和白居易的〈琵琶行〉兩首樂府詩後，我立即展開作文教學，要學生根據自己的經驗，觀察女子心理狀態，描寫人物欲言又止的神情外貌。

「千呼萬喚始出來，猶抱琵琶半遮面。」就是描寫女子羞澀的心理狀態，我試著舉例。

一週後，學生交作業了，慧君的文章篇幅足夠，但稍嫌直白乾癟：

烏黑亮麗的秀髮披肩，白裡透紅的臉蛋充斥著害羞，低頭安靜地坐著，然而，不時地偷偷抬頭瞄一下。接著在垂下的長髮遮掩下，露出一抹滿足的微笑……

文字敘述力還不錯，但只做到局部特徵的描寫，缺少整體形貌的布局，故事張力也有限。在一對一指導時，我問她：「妳有過害羞的經驗嗎？」寫作是生活經驗的投射，一輩子都用得到。

「當然有啊！可是欲言又止就欲言又止，還能怎麼寫？」

「『十四為君婦，羞顏未嘗開。低頭向暗壁，千喚不一回。』細緻刻畫了初嫁時的嬌羞，但是整體布局是『新婚』，妳的作品呢？」

「老師，這太難了，文言文就是很難模仿。」

「先抓住關鍵字，例如剛剛問妳的害羞，用摹寫法帶出心理狀態，不一定要將人物寫得多麼傳神，而是透過特寫，讓某些畫面呈現在眼前，不管是悲傷或是溫馨。」

「老師，可以舉白話文的例子嗎？或是有沒有公式可以套用？這樣比較快。」

果然，大家來補習都是想追求效率。我在補習班教作文，經常以著名作家的文章教學生從仿句訓練到段落的構成，逐步形成篇的概念。例如張愛玲，是近代著名女作家，堪稱文學創作的曠世奇才，一生佳作無數，後人連她寫過的書信都拿來研究，可見人們對她的崇拜。

以下是其著名作品——〈愛〉：

這是真的。

有個村莊的小康之家的女孩子，生得美，有許多人來作媒，但都沒有說成。那年她不過十五六歲吧，是春天的晚上，她立在後門口，手扶著桃樹。她記得她穿的是一件月白的衫子。對門住的年輕人，同她見過面，可是從來沒有打過招呼的，他走了過來。離得不遠，站定了，輕輕地說了一聲：「噢，你也在這裡？」她沒有說什麼，他也沒有再說什麼，站了一會，各自走開了。

就這樣就完了。

後來這女人被親眷拐了，賣到他鄉外縣去作妾，又幾次三番地被轉賣，經過無數的驚險風波，老了的時候她還記得從前那一回事，常常說起，在那春天的晚上，在後門口的桃樹下，那年輕人。

於千萬人之中遇見你所要遇見的人，於千萬年之中，時間的無涯的荒野裡，沒有早一步，也沒有晚一步，剛巧趕上了，那也沒有別的話可說，惟有輕輕地問一聲：「噢，你也在這裡？」

那輕輕的一句「噢，你也在這裡？」代表了所有的開始和結束，更代表了千言萬語。詞藻雖不華麗，也沒有曲折的情節，張愛玲〈愛〉裡的最後一段經典文字，學生們常常拿來仿寫類似「有緣千里來相會」的橋段。

我們可以套用張愛玲的公式嗎？當然可以！

每個人可能都遇過對的人，只是現實無情地拆散了彼此，只能留在記憶裡回憶，那麼，初見或遇見的美要怎麼寫呢？仿寫不是一味抄襲，不要以同樣的題目練習，而是用相似或相反的題目為主題。一旦確立了仿寫題材，有了寫作方向後，就是模仿的形式和方法。以下有五個訓練原則：

一、**抓關鍵字**：從仿寫題材中，找出句式、段落、佳句、語言特色、修辭技巧等關鍵字，照樣仿寫。

二、**把握題材的主旨**：將對仿寫題材的理解、感情傾向，融合在自己的文章中，要準確恰當地審題立意，必須循序漸進，點面結合，做完整系統的仿寫。

三、**加入創見，力求變化**：發揮豐富的想像力，加入自己的材料仿寫，仿寫著重在精神、立意方面，但仍需要有自己的創見。

四、**選擇恰當角度**：對同一類型的題材有不同的選擇角度，要選取自己最能表現的題旨角度去發揮。例如：寫父親的愛，朱自清選擇〈背影〉、龍應台〈目送〉；選擇寫母親的愛，胡適選擇〈母親的教誨〉、洪醒夫選擇〈紙船印象〉。

五、**以「仿寫」練習，由練習中學習名家優點**：試著化身為作者，體會其情感，藉由認同與還原的心理過程，學習當中的思維或思緒邏輯。仿寫的最高境界是沒有「仿寫」的感覺，要與所仿作品有所區別。

看完張愛玲的作品後，慧君決定「打掉重練」。不管是套用公式或是仿名家作品，都只是學習的過程，以繪畫觀點來看，「套用公式」猶如素描，「仿名家作品」就像水彩畫，只有打好素描的基礎，水彩畫才能煥發出亮麗的光彩。

慧君的作品有了全新的樣貌，少了抽象的形容詞，有了人物深化後的情感：

好像就在昨天。

隔壁家的桂花樹又開了，隨著風的鼓舞，桂花紛紛落下，滋養了大地，為下一個花季做準備。

是她！鄰家的女孩，那年她剛考上高中。她一手撐著樹幹，一手捧著桂花，似乎有所思的樣子。她站在桂花雨中，就如同仙子般，純靜美麗，好似在等誰。

我施施走向前說：「喔，是妳。」她回答說：「你也在這裡！」我和她就這樣兩眼相望，不多說什麼——在桂花雨中。

就這樣就完了。

後來我們各自在生活中尋尋覓覓。

愛情像是在呼吸之間追趕，而緣分則是在彼此之間遊走；愛情是一座森林，那麼緣分就像林中的青鳥般一直在尋找適合自己的幸福。緣分到了，自然會找到；但若是緣盡了，即使尋它千百遍也將一無所獲。

今年八月的桂花再度盛開，是緣分到了嗎？小巷的咖啡館裡有著她熟悉的身影，我毫不猶豫地走向前說：「喔，是妳。」她回應：「你也在這裡？唉……相見不如懷念，懷念不如忘卻。而我，不敢忘卻，不敢懷念，亦不敢相見。」

程度較好的學生，當然可以自己發揮寫作觀點，但有些學生一開始真的不知從何下筆；於是，仿寫就是很好的方法。不論是老師幫忙學生修改後的句子仿寫，還是來自著名作家好文章的仿寫，寫久了，就會有感覺。

根據媒體統計，升學考試中最常入題的現代作家第一名是余光中，在近十年來的各項升學考試中約入題九次；其次則是張愛玲、魯迅、林文月、簡媜、洛夫、徐志摩、梁實秋、王鼎鈞、琦君、張曉風、林文月、楊牧、鄭愁予、周夢蝶、陳黎、羅青等。透過豐富閱讀並仿寫，可以從中發現和掌握各種句子的結構特點及詞語的搭配，從而熟練掌握各種句型，有效建立句子的概念。寫作的「萬能公式」其實就是一套邏輯，從「照樣造句」、「照樣寫短語」開始自我訓練，練習多了，功夫自然到家。

2 名言佳句不只蒐集，更要分類、改寫

不寫名言佳句、成語、典故，文章就不會有亮點？應試作文將遣詞造句的能力，列入評分標準的二十%，能夠靈活運用佳句典故，顯見詞彙豐富，絕對可以展現寫作實力。因此我常建議學生每天蒐集，並將這些名言佳句或詞語分類，就是希望大家多記憶，以便用在寫作，尤其是自己花時間蒐集，意義又大大不同了。

現在的學生喜歡用五顏六色的筆做筆記，一方面凸顯考試重點，二方面是賞心悅目，自己也覺得很有成就感，麗馨的一本國文武功祕笈就是這樣。裡頭除了有我上課的筆記外，有一回下課時，發現她抄了我寫在黑板上給他們的鼓勵。那是王安石的〈題張司業詩〉：「看似尋常最奇崛，成如容易卻艱辛。」

我想提醒即將參加學測的高三班學生，把握每一天，善用時間，堅持到底，最後勝利會是自己的！我也提醒麗馨，整理名言佳句有許多好處，一部分當成正能量的「心靈雞湯」，一部分可以在作文裡適度運用，讓成語或名言佳句強調或凸顯句

旨，提升文章的張力及說服力，也能顯露出自己的文學深度。

麗馨看起來卻有點疑惑：「但是，把名言佳句抄到作文上，看起來不會太『好』、太『假』了嗎？」

事實上，在大考的作文評分標準裡，從未規定學生非得引用名言佳句或使用成語。大考中心一〇〇年公布的「學測與指考國文作文分項式評分指標」裡，「字句運用」占評分的二十％，其細項指標為：一、字句妥切，邏輯清晰；二、用詞精確，造句工穩；三、描寫細膩，論述精彩；四、文筆流暢，修辭優美；五、標點符號使用正確。

我教過一些學生的應考觀念竟是：作文想拿高分，用詞可以多噁心就噁心，而且盡量多寫些感覺積極、陽光的句子，最好整篇充滿希望，附上臺灣加油就更棒了！在功利主義下，對這些孩子們來說，大考的寫作測驗就是一場「騙」分數的賽局。我當然反對這種想法，而且對學生抱持這種投機取巧的歪腦筋感到失望。

名言佳句的蒐集來源，從課本、書報雜誌、著名戲劇電影臺詞，甚至網路都有，重點是要依照主題分類，甚至改寫，讓句子更容易記憶。例如：「勇敢讓自己走進未知的可能，在挫敗中剛強，在成就中謙遜。」強調的是「勇敢」，後兩句用的是排比兼類疊修辭，我們可以改寫成：「強大自己的心，才能真正強大。」有回文修辭的效果，簡單好記。不過遇到名人的著名佳句，就只能一字不漏地記憶。

蒐集多了，做好適度分類後，要寫出佳句就會變得容易許多，可以信手拈來，一字一句寫出真心誠意的美言佳句。

大考解析

九十七年學測作文試題「如果當時……」，當年其實我已經在補習班出過內容與題型均類似的模擬試題——「如果可以重來」。這篇引導寫作命題的素材選擇與描述故事的技巧，決定文章的成敗。吸引人的故事，曲折變化的描寫，出人意表的結果，才會帶來動人的力量，進而獲取閱卷老師的青睞。

雖然時光一去不返，但人們偶爾還是會想像回到過去。有人想像回到從前去修改原先的決定；有人想像回到事故現場阻止意外事件的發生；有人想像回到古埃及時期，影響當時各國間的局勢；有人想像回到戰國時代，扭轉當時的歷史……請以「如果當時……」為題（刪節號處不必再加文字），寫一篇文章，從自己的生命歷程或人類的歷史發展中，選擇一個你最想加以改變的過去時空情境，並想像那一個時空情境因為你的重返或加入所產生的改變。文長不限。【九十七年學測】

「一注血脈，四支分流。」再怎麼說我也是她的孫女，她生命的延續，每當我接到外婆頻繁得近乎騷擾的電話，我只能這麼想。

就像《博士熱愛的算式》中的博士，我的婆婆，記憶只能維持二十分鐘。她會十分有毅力地打電話來臺北，質詢她女兒結婚了沒、她老公有沒有外遇、她四十年前走的老伴現在正溫柔地佇立在床頭……，忘了一切，甚至得了被害妄想症，不是她的錯。那場車禍如同一塊橡皮擦，將她四十年來儲存的生命插曲——欣然的與晦暗的——一併抹去。

如果我能留她在臺北多住一天，那車禍就不會發生；如果她的記憶還在，假使她沒有不良於行，我會纏著婆婆，要她騎機車帶我遊眷村。童年的酥餅香，摻雜著南部寄上來牛皮紙箱的陳舊，還有一罐又一罐肥美多汁的菜脯……，婆婆會帶我重回現場，和菜市場的阿嬸討價還價，和「別洞天酥餅」的外省阿伯用臺國語親熱地你來我往。

我會要婆婆教我和媽醃梅子。往年她總是一個人做好幾十甕，然後分送給親戚朋友，但這一次不一樣了，我和媽、媽的母親，我們會擠擠坐在塑膠短凳，學習外婆粗短的手指如何依憑觸覺與經驗撿出最實在的梅果。胖胖短短的手指在水缸裡撈啊撈的，加一把鹽巴，揉一點親情，好使梅子更入味。微酸微甘，在舌尖久久不散的香甜，原來加的是對孫子的關愛呀！我會一手搓著梅子一手抄著筆記，直到黃昏，婆婆不許我寫字，唯一的風景成了她短小卻有韻律地搓著梅子，搖呀搖的背影……

我早該知道，今夏那杯是最後的梅子汁。來不及抄下醃製梅子的祕方，婆婆已經忘了。不過沒有關係，那青澀微甘的絕妙梅香早已滲進我的血裡，即使回不去，我也忘不掉。

（大考中心公布佳作）

這是一篇感性考題的作文命題，並不是要考生論述「回到過去」的理由。作文引導裡已經要求選擇一個最想加以改變的「過去時空情境」，並「想像」那個時空情境因為「你」的重返或加入而產生的變化。所以，要的是一個以「我」為主角的故事。本題用了「時空情境」四個字，其實就是要有時間、地點、故事、背景，並能觸發出令人感動的情意。

「一注血脈，四支分流。」是血濃於水的佳句，作者用於文首破題，接下來故事精彩與否，除了本身題材、人物和轉折要夠扎實以外，情境鋪陳也相當重要，挑選寫作題材也要避免過於人云亦云，而這些不一定需要刻意引用名言佳句或成語。

「如果當時能抄下醃製梅子的祕方」成了故事最青澀微甘的遺憾，但結尾那句「即使回不去，我也忘不掉。」卻緊扣啟首的佳句，是不是相當巧妙呢？

3 張力強大的轉折

應試時間有限，每篇作文平均被閱讀的時間大概只有九十秒，重點就是一個「快」字。因此審題立意要準，構思成文要快，結構也就不宜太過複雜。但要如何在有限的時間、緊張的環境下，寫出一篇獲得閱卷老師青睞的文章呢？

「說故事、學寫作」我是一個愛講故事的人，喜歡用故事鋪陳的原理來教寫作，尤其是起承轉合四段法。這在應試作文中應用普遍，除了能讓故事發展脈絡分明外，學會使用這樣的分段技巧，在應試作文時，也能讓你的文章層次分明，讓閱卷老師迅速掌握你的意旨。

起：開頭——解釋題意或提出自己的主張

承：承接開頭——提出佐證，說明或強化概念

轉：轉換、轉折
- **轉換：換個觀點角度闡述主張**
- **轉折：用反面例子強調主張的正確**

合：結論

我在黑板上畫了起、承、轉、合「四段法」的樹狀圖，同時寫了：「美女與野獸」五個字。你可以想像學生們的眼睛為之一亮，同聲呼喊女主角的名字艾瑪．華森的畫面嗎？《哈利波特》裡的小妙麗長大了，如今成為亭亭玉立的美人，她在最新作品《美女與野獸》裡更有令人驚豔的演出。

「看電影除了可以放鬆心情、轉移注意力，也可以刺激思考，學習寫作的結構與鋪陳喔！」我想這個開場白會引起共鳴。

結合影像和聲光，電影帶我們快速地感受百樣人生，我們的精神狀態會隨著電影轉折起伏。作文也是一樣，把握好「起承轉合」的概念，有意想不到的轉折，也有令人印象深刻的結尾，文章便會有所起伏！

以電影《美女與野獸》來說，它的起承轉合相當明顯，同學們可以透過電影的故事情節學習起、承、轉、合的結構安排。

我先用提示四個《美女與野獸》劇情大致的發展方向，接著要大家發想劇情「起、承、轉、合」的核心綱要，就像蓋房子，先把四根柱子架好，才能鋪磚牆。

「從『詛咒』起頭，好不好？」有學生提議。

「很好啊！先確定主角的現況和他所處情境，再由現況推測主角可能面臨的麻煩。寫作文也是如此，先破題、提綱，告訴大家接下來要談什麼。」

這一段教學與分享，花了好幾分鐘，但腦力激盪是必要的過程！

「以『詛咒』起頭，現在來練習寫劇情綱要，請大家用三十個字寫出第一段的『起』。」

我一一巡視學生的寫作狀況，經過一番討論，大家整理的起（開頭）最終版本是：

王子因沒有同情心而背負著詛咒……女巫在他的城堡裡留下一朵玫瑰花，王子必須在最後一片花瓣落下前獲得真愛，這個詛咒才會破除，否則，他將以野獸的面貌度過一生。

「囚禁」是同學們共同決定的第二段綱要，也就是貝兒選擇冒險、面對與解決。接下來我們完成了承（承接）的定稿：

貝兒為了拯救父親而自願被野獸囚禁，在城堡中一群僕人的幫助下，貝兒與野獸從陌生衝突到相知相守。

「把『襲擊』當成轉，做為第三段呢？這個起伏使得劇情有強大的張力。」我提示學生。貝兒就算處境危險，但她的愛情不曾動搖！一如作文的第三段，換個角度來談論主題。

獵人加斯頓一直脅迫貝兒的父親將她嫁給他，但遭到拒絕；於是加斯頓慫恿村民剷除恐怖的野獸，並將貝兒父女關在一輛車子裡。面對暴民的襲擊，失去貝兒的野獸，如槁木死灰般完全失去鬥志。幸好貝兒及時脫困並趕到，她的呼喊讓野獸重新燃起鬥志與加斯頓一決生死。

合（結論）呢？

「從此以後，王子與貝兒過著……」大家笑著回答。

「真愛。」我說。

加斯頓從城堡高處掉入萬丈深淵，而野獸被加斯頓槍擊，身受重傷而奄奄一息。望著即將死去的野獸，貝兒哭泣深情地吻了野獸，並說出她對野獸的愛。就在眼淚落下的剎那間，奇蹟發生了，野獸的詛咒解除了，恢復為王子的原貌，就連城堡、僕人都恢復成原來的樣子，兩人相擁，終於幸福地在一起了。

故事有了美滿的結局。但當然，寫作不會只有起承轉合的分段而已，但這堂課希望幫助同學體會，引人入勝的開頭最重要，承接要流暢，轉折要驚豔，結尾要令人印象深刻，這是寫作課裡最最基本的馬步功夫。

起、承、轉、合「四段法」在考場上被廣為運用，就是因為它是基本布局。遇到再難寫的題目，深呼吸把心中能想到的所有想法，依照起、承、轉、合分段，即使篇幅短、字數少，但架構上清楚明白，能讓閱卷老師迅速掌握你的見解，基本分一定拿得到。請注意！除非藝高膽大，有獨門絕學，不然應試作文有一定的寫作章法，盡量按章法寫還是比較保險。

4 流行歌曲學修辭

面對限時、限題的作文考試，每一個考生寫文章都希望能吸引人、感動人。運用得當的修辭法，可以使文辭優美、文句生動，獲得閱卷老師的欣賞，進而取得高分。因此，行文切忌太過直白，這會被閱卷老師認為遣詞用句能力不佳，壞了第一印象。

許多同學即使對國文課文的理解興趣缺缺，對流行歌曲倒是如數家珍；只可惜大家對流行歌曲的欣賞，多半只停留在音樂的旋律、歌手的唱腔和舞臺的聲光表現，去除掉這些包裝，對歌詞的創作技巧並未多有著墨，這實在太可惜了。

善用流行歌曲的歌詞，從中學習修辭的技巧，對應試寫作有很大的幫助。「修辭」用生硬的定義規則教學，大家往往都記不住，充其量只能用在選擇題的教學；而我的作文課裡有個單元「名歌金曲學修辭」，通常會先從一些琅琅上口的歌曲中，挑選部分歌詞，讓學生試著分析是由哪些修辭建構而成的。例如：

天上的星星／笑地上的人——五月天〈知足〉

你的手機又收不到／我像瘋子在街上繞／你面無表情的嘴角／像在嘲笑我的胡鬧——羅志祥〈習慣就好〉

還有一盞燈／還有人倖存／還有人倖存／還沒有沉淪／恨不得／恨不得／啃得一點不剩／將我徹底摧毀成人——韋禮安〈狼〉

有多少苦痛有你和我一起度過／一起承受／有多少快樂有你和我一起享受／一起感動——蘇打綠〈當我們一起走過〉

看出來了嗎？答案是：轉化（擬人）、譬喻、類疊、排比。映襯、譬喻、類疊、排比、轉化，是我最推薦同學在應試時運用的五種修辭技巧，透過歌詞的賞析，同學可迅速學到使用的訣竅。

修辭	定義	歌詞舉例
映襯	相反或相對的兩個概念或事實一起比較，彼此襯托。	●在狂歡時寂寞／從絕望裡復活。——蔡依林〈離人節〉 ●我們變成了世上最熟悉的陌生人。——蕭亞軒〈最熟悉的陌生人〉
譬喻	從不同的事物中找出「相似」之處。	●嘲笑我的傷心／像一口沒有水的枯井。——周杰倫〈夜曲〉 ●你是天地／你是風雨你是晴／你是溫柔的叛逆／逆轉我的一年四季。——丁噹〈手掌心〉
類疊	接二連三反覆使用同一字詞，有規律連續發生。	●你應該被呵護被珍惜被認真被深愛被捧在手掌心上。——張宇〈小小的太陽〉

		●明天我要嫁給你啦／明天我要嫁給你啦／要不是每天的交通煩擾著我所有的夢。——周華健〈明天我要嫁給你〉
排比	一種意象有秩序，有規律連續發生。	●風／停了又吹／我忽然想起誰／天亮了又黑／我過了好幾歲。——孫燕姿〈同類〉 ●要抱你／才能夠入睡／思念你／只剩下疲憊／愛過你／才懂得甜美。——信樂團〈世界末日〉
轉化	以物擬人，把物當成人來描述。使物有人的動作、行為、情感等。	●雨後的城市／寂寞又狼狽／路邊的坐位／它空著在等誰。——孫燕姿〈同類〉 ●方向盤周圍／回轉著我的後悔／我加速超越／卻甩不掉緊緊跟隨的傷悲。——周杰倫〈一路向北〉

「名歌金曲學修辭」的課程中，我通常還會介紹千禧世代之前的經典作品，尤其是李宗盛、方文山、阿信等人在當時的創作，那些作品至今始終受到歡迎，絕對值得青年學子學習。李宗盛有「華語流行音樂教父」和「百萬製作人」之稱，發掘並提攜了周華健、梁靜茹、五月天、莫文蔚、楊宗緯等多位重量級歌手；他的歌曲傳唱度和辨識度都很高，只要是有華人的地方，就能聽到他的歌曲和音樂。方文山的創作來源都來自教育體制外的自我學習，大量且廣泛的閱讀，讓他的歌詞題材風格多樣且層次豐富，並且能融合中西方文化，勾勒出充滿詩意的畫面，因為廣受歡迎，他的詞常出現在考題中。五月天的阿信創作風格多元，主題多和愛、人生、夢想與希望有關，廣受年輕族群歡迎，因為五月天的音樂標記了他們生命中的重要轉折，阿信也在最近一屆金曲獎獲得最佳作詞人獎。

我常鼓勵學生對自己喜歡的流行音樂進行歌詞賞析，這對於學習語文至少有四種助益：

一、積累優美的詞句、詞段。

二、從中借鑑修辭和寫作技巧。

三、培養想像能力。

四、歌詞賞析省時、速成。

辨認出這些修辭，也能貼近作者想表達的意象。這時歌詞不只是歌詞，甚至可以被看成一篇精巧的文章，再來個歌唱教學，在討論歌詞創作技巧之餘，更可讓作文教學寓教於樂，完美結合。

大考解析

一〇二年指考作文試題是個包裝新穎的命題，在題目說明中即明確引導學生自我探索，由內而外勾勒遠景，寫出未來的美好憧憬及規劃。考生首先要描述遠方的狀態來和現在對比，寫出兩者的距離及突破的過程，才能拿到高分。

> 每個人心中都有著對遠方的憧憬，陶淵明為此構築了桃花源，哥倫布為此勇渡大西洋。你的心中是否也有一個遠方在召喚？也許是個神祕的國度，也許是一種嚮往的生命型態，也或許是一個人生的目標。請以「遠方」為題，寫一篇文章，論說、記敘、抒情皆可。
>
> 【一〇二年指考】

這一年在課業上的努力，使我朝遠方的理想邁進許多。從前認為遙不可及，如天邊一縷倏忽即逝雲煙般的夢想，在我插上知識的翅膀後，變得不再遙遠。回首看看那足跡斑斑的掙扎歷程，全化育為我行囊的珍寶，支持我一路前進；抬頭一望，遠方早已近在咫尺，等著我以知識能力占領它。我知道，僅僅望著藍天白雲的遠方，空立於原處，不但對目標毫無助益，更增添一事無成的愁慮；相反的，若及早收拾好知識的包袱，看著遠方一步一腳印地前進，便終能抵達看來如夢似幻而真實美好的遠方！

（節錄自大考中心公布佳作）

這位同學將自己的升大學之路，描述得極為細緻暢達，譬喻修辭運用巧妙生動，將大學殿堂視為理想遠方，自勉要收拾知識包袱，並且要一步一腳印地向前邁進，能將升學考試的平凡題材化作不俗的書寫，值得我們學習。

5 展現自己的觀點

青瑞是高二國文學測總複習班的學生，很快地就適應我開放的上課模式，他喜歡跟著我的文學故事脈絡學習國文；不過上到作文課時，他對公開討論與練習卻並不怎麼熱衷，這種時候，上課雖然有趣，卻也讓青瑞感到有壓力。

每當要寫作文時，他看著稿紙，總會無奈地說：「老師，我不會寫。」

同學習慣閱讀現有的課文，不習慣憑空寫出文字，在讀得多、寫得少的情況下，許多人面對空白的稿紙，硬要從腦子裡架構一篇文章，就會感到非常困難。

青瑞的現場習作，幾乎是全班討論一段，他才能寫一段，如此進行了兩堂課，都是同樣的情形。他幾乎都是照抄全班共同討論的結果。若是一直這樣下去，青瑞的作文會停滯不前，這不是他的作文，而是別人的作文，因為他大部分是抄的。我開始在想：怎麼會這樣呢？他的程度不至於差到這樣才對，怎麼來到我班上，卻寫得七零八落了？

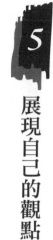

後來他才告訴我，過去的作文班都是老師念或是寫在黑板上給他們抄寫，有時候是先給參考範文，他再東拼西湊完成作業。他實在寫不出整篇的文章來。

「『我手寫我口』，青瑞，你怎麼說話，就怎麼寫。」

這意味著寫作也可以像訓練口才一樣。每天只要大聲念出幾篇文章，就算是學校的課本也好，總之，多念幾遍，慢慢地就會體會作者的經驗與感悟，從而對生活、人生或某些事物會產生共鳴——當然也可能不贊同作者的觀點——但從「朗讀」文章的過程中，學習觀察、反省、再經過詮釋之後，深深地儲存在腦海裡，這種情感的參與本身就是一次思考的鍛鍊。

我鼓勵青瑞：「其實其他同學根本不會在乎你在臺上的表現如何，只在乎聽到了什麼，所以『請忘掉自己，關心聽眾』，這才是克服緊張怯場的最重要法門。」我要求他大聲朗讀文章，並用文字忠實記錄當下的感受，以提升寫作的手感，而且要寫在本子上，每週我都要閱改。

「讀書萬遍，其義自現」二個月後，青瑞進步很多。以前青瑞都不敢舉手發表自己的草稿，加上他很在乎自己的表現，所以緊張怯場；現在上作文課時，他漸漸勇於投入公開討論，參與發表，我很高興看到他的進步。

青瑞的例子絕非個案，應該是許許多多同學面對應試寫作時遭遇到的共同困難。

國中時代，作文底子沒有打好，來到人生最重要的大學學測、指考，無論如何一定要急起直追、衝破困難！逃避不能解決問題，與其寫得辛苦，不如找一個好方法並努力嘗試。

大考解析

一〇五年學測作文試題是一篇貼近日常生活的作文題目，易懂好寫，可以讓同學沉澱出深刻的省思，陳述自己的看法、感想。

> 一〇五年八月八日，蘇迪勒颱風來襲，臺北市龍江路有兩個郵筒遭強風吹落的招牌砸歪，因而被戲稱為「歪腰郵筒」。由於歪腰郵筒姿勢可愛，民眾紛紛到該地拍照，使「受災」郵筒意外產生療癒功效。此一新聞甚至引起外國媒體注意，美、日皆對臺灣人民在天災及苦悶的生活中所展現出的幽默感印象深刻。稍後，中華郵政更推出特製郵戳及「人生嘛，歪腰也無妨」等一系列主題式明信片，頗受歡迎。請就上述新聞事件，以「我看歪腰郵筒」為題，寫一篇

完整的文章，陳述你的看法、感想或評論，內容須切合「歪腰郵筒」所引發的現象或迴響，文長不限。

【一〇五年學測】

蘇迪勒颱風將我家的陽臺和客廳吹得亂七八糟，積水如一片汪洋不斷朝室內湧入。在經過一整個白天的搶救與打掃，骨頭如散了般的我癱坐在沙發上，正巧電視播報著歪腰郵筒的新聞……。

起初我不以為意，認為那只是和我家一樣，一種風災造成的損失。大抵也因颱風天，無法出門尋樂，只能播報這種新聞供大眾消遣玩味。然而，多日的播報那兩尊「治癒人心的郵筒」以及朋友們紛紛在社群網頁上拍照分享，讓我無法忽視這兩個受災戶的高人氣。接著，中華郵政宣布要讓郵筒維持現狀更激起了網路上的討論迴響，正反評價兩極。且眼見「話題就是錢潮」，許多相關商品洪水般出品，更凸顯了歪腰郵筒們居高不下的人氣。

當我在看這次事件，我也反思究竟如此風波的產生帶給我們什麼影響？或許民眾只單純覺得它們可愛有趣，因此到當地爭先拍照留念。但我認為，過度放大這兩名「受災戶」的焦點，而未真正留心於實際救災，是否有些本末倒置？而在跟風拍照，打卡炫耀同時，我們是否有反思這次事件背後，可能隱含公共安全有疑慮的現象？

但若又用另一種角度詮釋歪腰郵筒，何嘗不是一種「因禍得福」？未造成人員傷亡之下，天時地利造就如此「奇觀」，激發了創意巧思，將其轉換成商品，帶來商機。成功地在網路上製造話題，讓民眾多方思考此次事件反映出臺灣人的哪個面貌？我相信事情都非好或壞絕對的一面，這次郵筒事件即是一個好的事例。

當網路上一味筆戰，爭論歪腰郵筒是否該維修時，我靜靜思考。此次事件反映了臺灣人的幽默，無傷大雅地化解了風災損失。甚至運用文創的力量來推廣歪腰郵筒的趣味。然而在我們爭相搶購，拍照時，是否能深入思考歪腰郵筒除了可愛，是否帶給我們啟示，諸如公共安全的問題是否有細節被忽略？是否有人該把關道路安全？

萬幸此次被招牌重擊的是郵筒而不是民眾，才能造成廣大的迴響與話題。然而事情的結果非絕對好壞，不知道眾人是否反省了歪腰郵筒背後的意涵了呢？

（大考中心公布佳作）

應試作文最重要的目的，不是比誰背得多，而是看誰能清楚表述意見，同學們在看完一則新聞後，能否有自己看法或觀察呢？

這篇佳作的作者在這個半開放式作文命題中，提出了自己的立場，以反省批判的態度看這場風災中的「受災戶」，同時也從另一種角度詮釋歪腰郵筒，帶出大家在天災中能苦中作樂、樂觀進取、因禍得福的韌性。論述周全，布局勻稱，脈絡清晰，值得參考學習。

6 事半功倍的工具書

市面上迎戰應試作文的書籍如雨後春筍般冒出，為了考試，該買寫作技巧的「工具書」嗎？

作文的訓練大致有兩個方面，一是閱讀，一是寫作，二者缺一不可。學生從小就為了學科考試買過數不清的「自修」或「參考書」，但是，看了書卻還是寫不好，究竟是什麼原因？是讀得太少，還是寫得也太少？

現今的國高中國文學習仍無法完全脫離「背多分」的型態，但寫作絕不是靠死背就能得高分。寫作一樣講究理解，例如題意審查及詞語的正確運用，都需要仔細區辨。

好的應試作文寫作工具書，我認為至少要有四大功能，這樣才能幫助你獲取高分：

一、出於「應考」的程度與立場，而不是以當作家為目標。

二、舉例的文本賞析，確實能運用於應考寫作。

三、作者透過生活的觀察、體驗、記錄來教寫作，若理論一堆，很難短時間內化。

四、鑑往知來，書裡一定要有歷屆試題的對照與分析，知道過去考法，才能創新寫法。

這些也是為寫作打好基礎。當然這些能力的培養途徑，仍是以學校課本閱讀為基礎，這是同學們通向「課外閱讀」這個廣闊天地的橋梁。也就是說，從課本學習到閱讀知識和閱讀方法，就要反覆練習，養成良好習慣，形成「自學」的熟練技巧。

誰會出版「寫作方法工具書」呢？作家、國高中資深老師、大學教授、補習班名師等。只要是暢銷、長銷的作者所出的工具書都值得買來閱讀。我這裡推薦幾位作者，賴慶雄、陳美儒、林慶昭、潘麗珠等老師一系列的寫作工具書，同學可以上網搜尋一下。只是讀過這些書籍絕對不會讓作文立刻變好，一定要動筆才行。透過專家們有系統地提示寫作技巧與應試要訣，自己要再針對不同文體練習。剛開始時每天強迫自己寫一百字，寫什麼都行，就像是寫日記一樣，等到寫得很順了，拿起筆來，輕輕鬆鬆就能寫個二、三百字了。

曉薰是個愛唱歌的女孩，讀的是音樂班，在學校她是合唱團的女高音。由於她想讀的音樂科系，學科成績只採計國文、英文兩科，術科成績占六十％，國文的重要性不言而喻。

但她的作文成績一直拉不起來。最近的一次模擬考，作文題目是〈當我聽到這首歌時……〉，曉薰卻拿到B-。按理這個題目她應該最能發揮了，尤其這是感性類心情抒發的應試作文題目，只要掌握到基本要領，應該都能寫出好文章。為什麼她沒把握這千載難逢的好機會，創作一篇打動人心的好文章呢？

看完曉薰拿給我看的答案卷後，我好奇地找她討論。

「老師，我是不是選錯歌了？我只想到韓劇《雲畫的月光》主題曲啊！」

選這個題材，要拿高分註定很難！

「一開始閃進腦中的題材不一定是最好的，妳要先看懂題目，完整了解寫作任務，邊看、邊標出關鍵字句，分析文章重點，組合成妳文章的核心價值，構思每段大綱後才下筆。以這個題目來說，妳們合唱團團練的曲子，哪一首歌讓妳印象特別深刻？這會是很好的題材。用說故事方式為基底，談一下團練過程的辛苦，或是參賽過程的趣事。說得生動感人，就能拿高分。」

「妳不會連一本寫好作文的工具書都沒有吧？」我問。

曉薰搖搖頭道：「沒有，但我知道寫作文要多看課外書。如果要寫『豪俠情意』，這種就看《水滸傳》；『引經據典類』就要把三十篇核心古文讀熟；講『悲劇愛情』，當然就看《紅樓夢》，『超難懂的新詩』就讀瘂弦；要談『知性溫暖』，當然就看蔣勳的作品囉！」

妙論？謬論？

大考解析

一○三年學測作文試題「人間愉快」，是引用世新大學中文系講座教授曾永義的作品《愉快人間》。曾教授在接受媒體訪問時談到，寫作時必須掌握正向思考原則，可從校園生活中取材，寫出自己經驗過、感到愉快的事，並闡述心境，應該就非常切題了。

曾永義《愉快人間》說：「為了『人間愉快』，就要『人間處處開心眼』，就要具備擔荷、化解、包容、觀賞等四種能力，達成『蓮花步步生』的境界。」這是一段充滿生命智慧的哲思。「人間愉快」，可以是敞開心胸、放寬眼界的自得；可以是承擔責任、化解問題的喜悅；可以是對周遭事物的諒解和包容；可以

是觀照生活情趣的藝術；也可以是……。請根據親身感受或所見所聞，以「人間愉快」為題，寫一篇完整的文章，記敘、抒情、議論皆可，文長不限。

【一〇三年學測】

人間的愉快或許可說，不同於天上純粹的喜樂美好，人間的愉快總是在不順遂的心境中，才分外感受得清楚，正如歐陽脩被貶滁州，感受到「與民同樂」，或者蘇子與客遊於赤壁，侶魚蝦而友麋鹿，漁樵江渚之上，亦或柳宗元遊西山，心凝形釋，與萬化冥合。真要說來，應說「人間愉快」，便是那曠達自適的襟懷，只不過人們總要遇見逆境，看破逆境，才明白如何曠達，才感受得到所謂「人間愉快」。

我認為「人間愉快」的體會，應當學習李白「五花馬、千金裘，呼兒將出換美酒」的及時行樂，把握每一分光陰，活出當下、活出精彩，偶爾當個「閒人」也別有趣味！

我的「人間愉快」在每一日的清晨。每天在上學的途中，我坐在校車上，儘管有一些早起的疲倦和睡意，我卻不急著閉上眼睛，只等著經過某段路時，沒有城市的遮蔽，我能看見山的稜線在遠方若隱若現，晨曦初升，把山嵐染出極夢幻的色彩，粉紅、橙色，摻著微微的紫，暈在山稜上，何等美麗而令人感動的一幅風景畫！每天甚至能有不同的面貌！我不禁為此感到心情激動，為自己能活在如此美好的世界而感謝造物主，每天就帶著這份愉悅到學校，用喜樂的心面對一天。

到了學校，金色的朝陽從葉縫間灑下，麻雀、鴿子、斑鳩、甚至還有夜鷺，在枝椏間嬉鬧，在草地上覓食，春蘭秋桂，四季飄香，清風拂面，枝搖影動，多麼令人愉悅的大自然！還有比這更令人舒暢的「人間愉快」嗎？

遇見困境，不必詠〈離騷〉，如果能大喊「快哉！」當然甚好，然而若能不以沉鬱的心看待困境，豈不更好？看破逆境時的坦然自得，也許是一種「人間愉快」，但若是連逆境都能當作「人間愉快」，那不是更能稱作「人間愉快」嗎？

「人間愉快」正是因有困難要面對，並且能夠不以為困境才是「人間」的愉快；並且平凡的事物也能成為愉快，才是「人間愉快」。無論何時都能夠暢然自適，就算遇見困難時我也不覺得困難，因為生活中的一切都替我帶來愉快，隨時隨地都能有愉悅的心情來面對生命中所經歷的，讚美、感謝，不以憂慮為憂，不以窮乏而困，悠然自得，這便是我的「人間愉快」。

（大考中心公布佳作）

取材大小不是重點，而是如何表達。寫自己或是他人的經驗都可以，除了敘述愉快的意涵，聚焦在愉快的精神感受，以及為何愉快，會是獲得高分的關鍵。這份佳作全文由「逆境中的曠達」展開主軸，以生活經驗、親身感受來論述，信手拈來，自然平實。最後又以「人間處處皆愉快」結尾，內容詳實，題旨鮮明，兼採歐陽脩、柳宗元、李白、屈原等人的事例，抒發見解，結構嚴謹，是一篇值得學習的好文章。

7 自組讀書會，迎戰學測新考法

心中常有許多感觸，卻光會想，不知如何下筆嗎？被譽為二十世紀最偉大的科學家之一的愛因斯坦說：「讓學生獲得對各種價值的理解和感受是很重要的，他必須能真切地感受到美麗與道德的良善，否則他的專業知識只是使他更像一隻受過良好訓練的狗，而不是一個和諧發展的人。」

一〇七年開始，學測國文考科中的作文將改成獨立施測，寫作測驗占國文總成績五十％，學測「國寫」這項新制分成「知性」與「感性」兩大題型，同時測驗學生的閱讀能力、整合能力、詮釋能力、論證能力、敘事能力、想像能力、抒情表意的技巧與對社會議題的關懷等。知性文章評量重點是：正確解讀文字、圖表，並加以分析、歸納、提出自己的觀點。感性文章評量重點是：具體寫出個人實際生活經驗，能真誠表達內心情感、發揮想像力。測驗中，讀完知性文章後，試題會列出一至三個寫作任務要考生完成，而考生必須在四十分鐘內寫出約六百字的文章。腦筋要動得快，揮筆速度更是不能慢。

這真是一項極具深度的測驗。我現在教的高三班學生，過去缺乏有效的寫作訓練，閱讀量更是嚴重不足，這一來要如何迎戰更高難度、高張力的大學學測寫作測驗呢？這場考試需要真正用心投入準備，才能在有效率的訓練下，在八十分鐘內揮灑自如。否則，不是不會寫，就是寫不完。

面對大學學測新制之「國寫」，家長和同學普遍感到焦慮，為了贏在起跑點，大家不一定要上補習班補習，找幾位志同道合的同學，組個「讀書會」一起練習，當然也可以一個人自主學習，若有老師可以幫忙提供建議或閱改作品，效果會更好。以下提供「五個面向、三大策略」，幫助大家征服新制應試作文！

一、以興趣搭起橋梁，建立讀書會，每週聚會。

二、分頭精選大約一千字的文本，例如深度報導的新聞當作教材。比起嚴肅的經典作品，這樣的文章可以是「刺激」大家面對新制文章寫作的好開始。

三、選定文章，所有成員各自提前閱讀。

四、利用四十分鐘討論作文試題，同學要釐清題旨是什麼，一起分析推敲，接著決定寫作綱要。可以下列以「五個面向」為引導：

行動	線索	任務
找一找	文本中特別或重要的資訊	從段落中找出重要、明確訊息
想一想	分析文本中表層訊息	從詞句或圖文中找出因果，比較異同
說一說	統整文本中深層訊息	從全文統整出寫作技巧、效果、目的、寓意
畫一畫	畫出文本中的概念脈絡圖或表	畫出全文心智圖或簡易枝狀圖
寫一寫	提出看法並舉例說明	省思評鑑出全文的核心價值

五、討論過程中，觀察彼此想法的差異，並記錄彼此的閱讀疑問。

除了以上五個面向，還有接下來三個策略，循序漸進增加內涵！

一、**多元閱讀**：從高二下到高三上學期期間，找個三個月組個「讀書會」，分工找文章或購買工具書。國寫寫作測驗自學的內容名稱是：「每週一文」，目標四十五篇文章，內容涵蓋新聞報導、名人傳記、經典文學、科普文章、電影影評、網路文章或輕小說等，循序漸進，由淺而難。

二、**同儕批閱**：閱改文章的重點在鼓勵，可以讓同學更有自信心。相互閱改，目的是觀摩與反思。不做消極的批評，而是具體指出彼此作品的優缺點，避免失焦。

三、**深度化**：參考ＰＩＳＡ（國際學生能力評量計畫）中的三大指標：擷取訊息（文章解讀）；廣泛理解、發展解釋（文章意涵多元思考）；省思評鑑文本（反省與深度賞析）。例如：朱自清的〈背影〉，我們過去會強調作者在這篇文章中「落淚」三次的理由，提到「背影」四次的原因。透過ＰＩＳＡ的三大指標，同學們會用更多元的角度去體會作者想藉由父親的背影來說「什麼是父愛」，這是有深度的鑑賞學習方式。「文章解讀」是擷取文章中的一段文字，針對「文章意涵」、「寫作手法」等提問，這個題型主要是測驗學生除了解字面的意義之外，同時也能分析作者是用何種寫作方法表達，在學測、指考的考法中，這種題型通常被放在第一題，和一〇七年學測新制考試之「知性文章」的測驗目標有部分雷同。而所謂「文章意涵」，有時會問考生單一文句或是文中某種象徵物的意義，甚或是文中人物的動作、對話的內容以及語氣所蘊含的弦外之音；至於「寫作手法」，則會問考生全文意旨或因果關係判定等，而且回答內容通常有字數限制，是一種難度較高的題型。一〇〇年指考作文試題第一題，就是這樣的命題。

大考解析

閱讀框線內文章，回答問題，文長限兩百字～兩百五十字（約九行～十一行）。

途中是認識人生最方便的地方。車中、船上同人行道可說是人生博覽會的三張入場券，可惜許多人把他們當作廢紙，空走了一生的路。我們有一句古話：「讀萬卷書，行萬里路。」所謂行萬里路自然是指走遍名山大川，通都大邑，但是我覺得換一個解釋也可以。一條路你來往走了幾萬遍，湊成了萬里這個數目，只要你真用了你的眼睛，你就可以算懂得人生的人了。俗語說道：「秀才不出門，能知天下事。」我們不幸未得入泮（入泮：就學讀書），只好多走些路，來見見世面罷！對於人生有了清澈的觀照，世上的榮辱禍福不足以擾亂內心的恬靜，我們的心靈因此可以獲得永久的自由；所怕的就是面壁參禪，目不窺路的人們，他們不肯上路，的確是無法可辦。讀書是間接地去了解人生，走路是直接地去了解人生，一落言詮，便非真諦，所以我覺得萬卷書可以擱開不念，萬里路非放步走去不可。

（改寫自梁遇春〈途中〉）

雖然古人說：「讀萬卷書，行萬里路。」梁遇春卻主張：「萬卷書可以擱開不念，萬里路非放步走去不可。」他的理由何在？請你解讀他的看法，並加以評論。

寫作時，第一段寫作者所持的理由，並根據作者的意思加以解讀、闡釋。第二段則寫自己的評論，可以贊成，也可以反對，或是有其他的看法、見解，考生的見解是評分的重點，一定要有自己的創見才會獲取高分。

作者以他個人的生命體會，對「讀萬卷書，行萬里路」有了全新的詮釋。作者認為「讀萬卷書不如行萬里路」，因為，不論是車中、船上或人行道上，都是我們觀察人生、體會世情百態的絕佳時機。

因為網路的普及，把知識輕易地帶給了每一個人，只要手機一滑，就能輕易地「讀萬卷書」。但就如蘇軾在〈惠州一絕〉：「日啖荔枝三百顆，不辭長作嶺南人。」只有真正嘗過荔枝的人，才會知道荔枝的酸甜多汁。書本是傳達知識的最好方法，但人生的體會，除了走出戶外，處處用心之外，也需要透過閱讀，以補實際閱歷之不足。

（屏東女中　李芝韻同學佳作）

作文，是一門藝術，是生命內涵的展現，更是心靈世界的描繪。一〇七年就要實施學測新制了，首批應試的是現在的高二學生，長篇文章的寫作已經成為應試的趨勢，今後必須更注意結構布局、思路完整，同時要注意「配速」。寫作能力的提升絕無捷徑可走，若內心有強烈渴望，我想大家都能看到自己的進步。

根據大考中心公布的研究試題，我選了其中幾題，讓同學試著練習。知性考題中，試題提供了八段閱讀材料，每段材料的篇幅都不長，由四至五句話組成不到一百字的句組。考生需要閱讀後，將這些材料組織成一篇文章。題幹同時提供了標題〈創造與發現〉，並列出須包含在文中的要素：創造力如何培養以及偉大的發現須具備的條件。

〈創造與發現〉

地球中充滿著各種奇妙的現象及多樣的生物，而因為自古以來的科學家們在各方面花費了大量的時間及不屈不撓的精神，才會有現今可以解釋大自然的各種理論。

由於多位科學家致力於探索及發現新事物，而創造出許多理論的基礎，這些創造出新觀念的人之所以能成功，他們的共同點在於都有創造力。創造力人人都有，但重點是如何培養，讓我們能應用在現實世界中。首先，攝取多方面的知識，對各種事情保持好奇；再來，除了接收四面八方的資訊以外，也要懂得自我思考與判斷，這樣一來便能訓練邏輯思維，分辨是否合理；最後，把我們吸收過的那些「片斷」知識融合，統整起來，如果能把無關化為有關；那麼就算是具有創意了。

一開始，新思想的產生一定會被多人質疑甚至不認同，如同歐洲十七世紀科學革命的那些科學家，提出的論點總是被教會反駁，甚至因此而被關進監獄，所以說，偉大的發現背後其實隱藏了許多心酸血淚史，如果要被大家認同，必須有足夠的勇氣及百分之百的信心，還要有充分的佐證來證明新觀念的論點，這樣一來，才能廣受人民的支持；而有些科學則是因前人所留下的字跡、書籍、實驗而從中獲得啟發，如達爾文看過了馬爾薩斯人口論而領悟出天擇的機制。

道古觀今，先人們那實事求是及追根究柢的精神，真令人讚嘆、佩服，因為如此才有現在的科技、軍事武器、生活用品，這全是他們靠創造力及長年累月的經驗成就出來的結果。

（屏東女中三年級　黃咨瑄）

這篇佳作作者能組合全文八種情境，並分析資料，特別是能充分掌握命題旨意，深刻思索創造力的培養、新發現的成因：保持好奇、自我思考與訓練邏輯思維等。由於題幹本身具有教育意義，作者提出歐洲十七世紀科學革命的科學家們，提出的論點總是被教會反駁，甚至因此而被關進監獄，深入其境的領悟，有追求完美、不懼阻力意志的深刻體認。全文理念清晰、闡述懇切，文辭洗練，可評為A+級。

另外，感性考題則是提供了一篇節錄自洪素麗〈瓷碗〉的文字，並要求以〈失落的光輝〉或〈愉快的一天〉為標題，寫作一篇文章。

〈愉快的一天〉

鈴鈴鈴……刺耳的鬧鐘聲吵醒寧靜的早晨，微光穿過了窗子暖了我的臉，似乎是在把我搖醒，身子不由自主地爬了起來往浴室移動，儘管再怎麼想回到床上，但身子不受控制地做出每天的例行公事，看著鏡子前的那個人，「早安！」

享受著晨光，聽著輕快的音樂，在搖晃的車上凝視著整個城市，尤其是假日。我喜愛在早上出遊，愈早愈好，在靜謐的街上仰望失落的城市，細看周遭鋼鐵叢林和身邊的小紅花。在無聲無人的世界可以不受任何的影響，大口吸氣，用心去觸碰這美麗的一瞬間，用心去捕捉藏在屬於早晨的曇花一現。漸漸地，城市醒了，開始了他的繁華。交通工具、行人、營業的商店帶給了城市無限的活力。比起彼落的喇叭聲，有說有笑的聊天聲，富有精神的歡迎光臨送給了城市該有的朝氣，這就是我所存在的城市。

比起朝氣，我仍喜歡靜謐。「歡迎光臨！」帶著溫柔語氣的店員對我笑著，點了杯飲料和甜點便找個角落歇著。送來的飲料是綠色的，濃郁的深綠像無波的湖水，而甜點也同樣，特別的是上面布滿了抹茶粉也放了一朵小花，像是俯瞰叢林中那唯獨生長的一朵不被淹沒的星光。就這樣安靜地享用著嘴裡的藝術，享受著這不可多得的寧靜下午。

夜晚，飯菜香偷偷告訴我今晚的菜色，簡單的菜，些許的魚仍不壞我的食欲。今晚的寧靜多了一點母親的關心：「吃得飽嗎？」「要水果嗎？」「早點睡呢！」我和小說享用著關心所帶來的溫暖，來度過只剩冷氣聲的時光。鬧鐘的滴答聲；懷中的玩具小狗和雪白的月亮伴著我進入夢鄉。「晚安！」

（道明高中三年級　郭朝罡）

作者選擇「愉快的一天」，體察細密、擅於運用修辭技巧描寫活中美好時光。以一整天為時間軸，將其對城市由靜謐到熱鬧的景況鋪衍成文，表現細膩的體悟、動人的情感。尾段以簡單的晚餐點出愉快的一天，來自母親的飯菜香與溫馨關懷，掌握題旨，具有感人的力量。全文材料、情節運用得宜，結構嚴謹，文辭優美暢達，可評為A+級。

〈失落的光輝〉

世代在轉變，許多物品漸漸推陳出新，新的商品取代了我們記憶裡的那些美好回憶；它們可能不是不好，只是不足以因應世界的潮流而慢慢被取而代之，並換上更符合現代社會需求的新產品。

記憶裡，當我還住在鄉下時，每天往外跑，只想著要奔向大自然的懷抱，小時候天天和同齡玩伴相約去河堤騎腳車，去公園玩盪鞦韆，生活多采多姿，沒有一刻閒得下來；而現在每次回到鄉下老家，看到曾經有我和同伴們共同回憶的地方，不是荒廢無人打理，就是在那的小朋友已經，不知道要放下手邊的電動和手機，去體驗我們小時候那段，充滿冒險與無知的歲月了。

回想從前家裡附近的大廟，只要遇到神明生日或大型慶典，都會邀請戲班來廟前特地設計的舞臺演出。記得那時還小，我記憶中爺爺、奶奶總是會帶著年幼的我去參與這一年一度的盛宴，雖然因為那時還太小，不懂大人們在幹嘛，就算我聽得懂他們的對話，以我當時的年紀恐怕也都是自我的認知，可能與真實的戲劇內容有落差吧！

但吸引我目光的卻不是那些戲的內容，我反而總是用崇拜的目光看著那些頂著大濃妝、穿著厚重戲服的叔叔、阿姨們，露出有如小粉絲的痴迷表情，看他們不論刮風下雨，都盡全力地想要給觀眾最驚豔的一次表演；而現在那表演的舞臺已有好些年不曾有如此盛大的演出了，昔日的舞臺，現在已被滑手機的小孩子們占去，聽到也不再是高亢的曲調，而是他們嚷嚷著遊戲破到第幾關的驚呼聲。

我記憶中的盛大場面已許久未曾出現，曾經輝煌的舞臺，正失落著等待再次被重新啟用，一展當年的光輝。

（屏東女中三年級　周喬茵）

作者選擇「失落的光輝」，全文以兒時記憶中廟前戲班演出盛況為軸心，對比因世代轉變，電玩和手機的出現，取代曾經輝煌的舞臺演出，感受正逐漸失落中的悵惘。兒時對戲班「頂著大濃妝、穿著厚重戲服的叔叔、阿姨們」，露出有如小粉絲的痴迷表情，還歷歷在目，如今舞臺卻已經被遊戲破到第幾關的驚呼聲取代。全文能自題幹所蘊含的情懷、情趣發想，選擇適切的主題、材料，具有感人的力量、真誠的體悟，文辭流暢妥貼，可評為A+級。

主題三

臨場發揮，應考八招

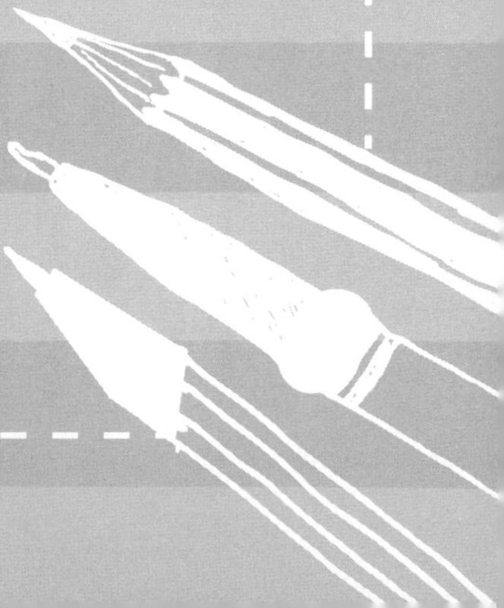

1 好的頭尾，抓住閱卷黃金九十秒

演講剛開始的九十秒是聽眾注意力的高峰，所以掌握「黃金九十秒」，就等於抓住了聽眾的心。發表 iPhone 時，蘋果創辦人賈伯斯在舊金山 Macworld 的主題演說就立刻揭示主題：「我們為這個假期準備了一系列令人難以置信的產品，全都是嶄新傑作。」（We had an incredible line-up for this holiday season, all refreshed and new products.）而賈伯斯在開場說的這一段話，用了「難以置信（incredible）、嶄新（refreshed）」兩個詞彙，讓大家興起了期待和愉悅的心情，願意專注地往下聽。

寫作也是一樣，「起筆有千鈞之力，收筆有泰山之重」。開頭得先發制人，結尾得發人深省、啟人深思。應試作文的開頭與結尾相當重要，一開始就要勾住閱卷老師的心，抓住他們的眼球，而這一切只有九十秒，黃金九十秒，讓人印象深刻或立刻進行下一份批閱！

精彩開頭，開篇點題，主題鮮明，充分發揮了「鳳頭」的作用，引人入勝；中間內涵豐富如「豬肚」；而結論要精彩有力如「豹尾」。其實開頭與結尾是決定分數的關鍵，其他各段不論是加分或減分，都一定會受到首尾兩段的影響，而評分重點如下：

一、**有否離題。**

二、**篇幅的長短。**

三、**能否使用適當的修辭、用辭是否精確。**

四、**首尾兩段是否言之有物、吸引人。**

朱自清所寫的一篇回憶性散文〈背影〉：「我與父親不相見已有二年餘了，我最不能忘記的是他的背影。」文章一開始就點題，通篇文章的焦點是父親的「背影」，由離愁中憶起父親難忘的背影，是最經典的鳳頭範例。高中課本第一冊的韓愈〈師說〉是大家都學過的文章。最醒目的第一句：「古之學者必有師。師者，所以傳道、受業、解惑也。」就是為老師的職責清楚定位，也是極為精彩的鳳頭。

作文開頭的寫法，常見的方法有三種：

一、喻題法

「喻題法」又稱作「譬喻點題法」，是用譬喻的方式點破題目，譬喻的句子一是直接把主題譬喻成其他人、事或物；一是利用其他的人、事或物間接凸顯主題。抽象且不易說明的題目，就以淺顯易懂的事物加以譬喻，讓抽象的題目形象化，使讀者印象深刻。

〈愛是什麼？〉

愛是什麼？愛像情感的花朵，也像心靈的甘露，更像冬天溫暖的陽光，可以給人溫暖與滋潤。愛有很多種，有友情、親情、愛情等，當然男女之間專一的愛情，所渴望的是有情人終成眷屬，最後在婚姻中白首偕老。真正的愛，是要尊重對方，所期盼的是要如何才能讓對方幸福。我不因為他能給我什麼，當我真的深愛這個人時，我會尊重他本來的樣子，因為我渴望他幸福。

（道明高中三年級　詹季萱）

二、破題法

「破題法」又叫作「開門見山法」，一開始就從正面下筆，直接點明題目的中心意旨，觸及文章的核心思想，讓讀者一目了然，留下深刻的第一印象。是應試作文最保險、最簡單明瞭的開場法。

〈影響我最深的人〉

我個性開朗，喜歡交朋友，喜歡閱讀，這都得歸功於國中時期影響我最深的國文老師，他總在我灰心沮喪時給我勇氣；在我傷心難過時給我鼓勵。

（屏東高中三年級　李允豪）

三、引用法

「引用法」就是在文章的開頭引述古今中外的名言佳句，或是諺語、俗語、成語、典故、詩歌、寓言等，用來支持自己的觀點，使文章增加說服力。引用法一般用在論說文或記敘文，非不得已，不要選用太常見的句子。如果沒有可運用的名言，或是記不清楚原文，寧可放棄，千萬不要胡謅。

〈珍惜時間〉

顏真卿〈勸學〉寫著：「三更燈火五更雞，正是男兒讀書時，黑髮不知勤學早，白髮方悔讀書遲。」歐陽脩為了善用零碎的時間，有一個「三上」的祕訣。因為他工作很忙，只能利用「馬上、廁上、枕上」這些短暫的時間，安靜、專心地思考，因此完成許多膾炙人口的佳作。時間如東流水滾滾逝去，從來不回頭，如果不珍惜時間，怎麼會有成功的一天呢？

（高雄女中三年級　吳敏茜）

好戲在後頭，一部好電影到了散場時刻，還讓觀眾捨不得離席，腦海裡縈繞著一幕幕的電影畫面。文章結束時，也一定要言之有物，才能蕩氣迴腸，令人回味無窮、意猶未盡。結尾的方法很多，比較常用的有三種：

一、總結法

「總結法」就是在文章的結尾，歸納全篇文章旨趣，將所舉事例再做一次有力的強調，接著總括題旨，結束全文。通常由「總之」、「所以」、「由此可見」、「由以上看來」……開始，論說文、記敘兼抒情都可用總結法，但要特別注意，不要寫出前文毫無提及，或是前後矛盾的結論。

〈禮讓的重要〉

總之，禮讓使人喜悅，也使那些受人以禮相待的人們喜悅。禮讓是人與人相處的一種氣度和胸襟，它包含著對他人的尊重、寬容、謙讓、與人為善等良好態度，這正是尊重他人的真正表現。「你讓我讓，文明風尚」我們從小就應該培養禮讓的好習慣。

（道明高中三年級　盧思妤）

二、前後呼應法

「前後呼應法」就是在文章結束時，結尾和開頭的文意與題旨相呼應，使文章前後連貫，常可給人一氣呵成，完美無缺之感。末段與首段可有部分句子相似，但不可完全照抄。

〈如果我能回到童年〉

（第一段）

如果我能回到童年，我會選擇廣泛閱讀，「閱讀是站在巨人的肩膀上看世界，更是全世界最好的精神糧食」。童年是個打基礎的階段，若能廣泛閱讀，不僅增廣見聞，提升理解能力，對於學校的功課也能有所幫助。「熟讀唐詩三百首，不會作詩也會吟」，如果我能回到童年廣泛閱讀，開展思考力的同時也能增加生活經驗，寫作能力也會在不知不覺中增強。

（最後一段）

我的童年像流沙般已經在指縫間流逝，走過的已成風景，無法追回只剩回憶。但是，如果我能回到童年，我會選擇廣泛閱讀，因為生活裡沒有閱讀就像井底之蛙，見識短淺；處事時缺少閱讀，就像脫韁野馬，莽撞無禮，廣泛閱讀等於全方位地增加知識。

（屏東女中三年級　陳佳樺）

三、自我勉勵法

「自我勉勵法」就是在文章的最後一段，寫下自我反省、惕厲的文字，拉近自己與閱卷老師的距離。例如：「學測日期就快到了，從今天開始努力，一定可以獲得成功。」要提醒的是，說明自己將如何重新出發並改變時，語氣一定要堅定、真誠且確實可行，不要過於煽情或說空話，否則反令人感到流於形式，剎那間閱卷印象立即變得不佳。

〈親愛自己的家人〉

人的一生中，最愛護自己的永遠是家人，龍應台的〈目送〉：「我慢慢地、慢慢地了解到，所謂父母子女一場，只不過意味著，你和他的緣分就是今生今世不斷地在目送他的背影漸行漸遠。」從今天起，我會更加珍惜家人對我的關懷與叮嚀，也會挪出更多時間陪伴年邁的父母親，及時盡孝，不留遺憾。

（屏東女中三年級 張文心）

結尾的好壞會影響一篇文章的優劣，精彩的結尾可使文章燦然增輝；粗糙的結尾也會讓全文黯然失色。常見的結尾毛病有二種：

一、**草率結束**：文章結尾只用一、兩句寫成，甚至有文章尚未寫完的感覺，分數自然大打折扣。

二、**畫蛇添足**：結尾處硬生生搬出不恰當的名言或是東拉西拉，以致偏離主題。應該要學習「自然」的收尾，不要拖泥帶水。

2「換位思考」的魅力

一〇七年新制寫作測驗中的知性文章考題，行文時需要一種抽絲剝繭的能力：

一、**正確解讀文字或圖表，適當分析、歸納，具體描述說明。**

二、**針對各種現象提出自己的見解。**

因為二年後即將實施的「一〇八課綱」強調的是培養學生的思辨精神，因此，我推測明年的「知性」試題應該會涵蓋：新聞事件解讀、人物評論、科學新知與自然現象、歷史事件省思等。

例如之前引起話題的新聞事件，來自企業家徐重仁的一段發言。這則新聞事件，很適合讓大家學會換位思考，從中分析、歸納，並提出自己的具體思考與判斷。

全聯福利中心總裁徐重仁在自己的新書發表會上談到：「現在臺灣年輕人很會花錢，你到國際機場看，很多年輕人出國，老一輩的卻很少」、「年輕人不要計較薪水比別人低，忍耐不計較，好好工作有一天老闆就會看到」等看法。

這些話引發眾多網友的情緒，紛紛以留言灌爆全聯臉書粉絲頁，嘲諷「小七出身的就是小氣」、「低薪是慣老闆養成的」、「讓這傢伙有名的流通業，就是靠低薪打工族」等留言。

對於自己的發言重創全聯福利中心親民形象，言論遭到曲解，徐重仁相當難過，立即親上全聯臉書粉絲專頁貼文道歉，部分內容如下：「回想我當時發言，確實是出於對自己孩子說話的心情：其中夾雜著疼惜、擔憂，想求好，卻又太過心切。而那些話語也的確是從我那個世代的立場出發，有失周全。思考得不夠，話說得太快，造成媒體和年輕朋友誤會。儘管絕非惡意，但仍感到抱歉。此刻是一個讓我深切反省自己的契機，我對年輕世代的了解顯然還不夠深入，也提醒了我：我與我這個世代的人，是不是經常只用自己世代的經驗，就簡單做出評判？而沒有設身處地了解年輕人的處境與心情。網路上不少人說，臺灣不可能會有因為失言而道歉的老闆。我想，我很願意做這麼一位。因為，我是真的失言了。接下來，我希望自己能少說、多聽，更謙卑地學習和理解年輕世代的聲音。」

以上述新聞事件為例，徐重仁先生所處的三、四十年前的臺灣，正處於均貧的世代，大部分人都很窮，都拚了命賺錢，日子雖然過得非常辛苦，但努力換來的果實是甜美的，整體生活水準也逐漸提升。他的發言的確是從那個世代的立場出發，應無惡意。

然而現代的年輕人領著低薪，卻得承受高不可攀的房價，以及排山倒海而來的各種壓力，心中的不滿與焦慮是可被理解的，尤其年輕人最不滿的，應是貧富不均造成的階級化，為什麼那些富一代、富二代，或官一代、官二代們可以吃香喝辣？而自己卻看不見未來？徐重仁先生用自己世代的經驗就簡單做出評判，缺乏設身處地了解現在年輕人的處境與心情，這是這起新聞事件引發成風暴的主因。

「換位思考」是應試作文中十分重要的技巧，特別是將自己置身於對方的立場和視角，去體驗對方的內心感受，了解對方的確切需求。當具備換位思考的態度，懂得從別人的角度看事情，我相信這在人際關係或應試寫作的過程中，都有很大的助益。

培養換位思考的同時，其實也在累積抽絲剝繭的能力，如同偵探小說裡的推理過程——哪天我的作文課也能容許分享推理小說的創作流程呢？從構思到下筆，這是一場深入人性的冒險，要設計的絕不是只有巧妙的謎團而已！平時透過大量閱讀，一方面訓練觀察力，二方面訓練推理能力，確實可以磨礪寫作技巧，讓自己的寫作更加有血、有肉、有魅力，文筆更加客觀有深度且吸引人。

例如元華，他是我高二國文班的學生。有次看到他在閱讀美國推理之王艾勒里・昆恩（Ellery Queen）的《X的悲劇》。

「為了找出到底誰是凶手，知道故事的真相，這本厚厚的書讓我看到停不下來！」

過了一個暑假，元華將暑假作業拿給我看，「老師，這是我自己寫的，本來想參加『推理小說創作營隊』，好可惜，時間配合不來，沒去成。」

那篇故事用的手法雖然是偵探小說裡常見的密室殺人，但推理過程算是合理；最讓我感到欣慰的是故事中的人物互動，他們之間的互動自然、情感真摯。我相信這是元華在閱讀這類故事中獲得的最大價值。

至於徐重仁的新聞事件，我的看法是：憑「本事」去爭取你想要的東西吧！先問問自己的本事在哪裡？自己的價值在哪裡？抱怨薪資過低的同時，問問自己：「被取代率有多低？」此外，當你想擊敗對手的時候，又付出多少努力了？

不誇張喔！我剛進入補習班當講師時，即便是師院公費科班出身，每天仍得備課讀書超過十小時，站到講臺上一堂課，前前後後要十小時以上的付出，每週工作時數更是超過一百小時，這樣的狀況持續了十多年。

「年輕就是本錢！」猶如旭日東昇的朝陽，這種優勢無人可以取代，世代一直變動，能走在時代尖端的往往也是年輕人！網路世代來臨，確實有很多年輕人靠著創新、衝勁、遠見，夢想替自己闖出了一片天。加油啊！年輕的一代。

大考解析

我們早已習慣了用自己的雙手填飽自己的肚子，但同樣可以用自己的湯匙舀湯給別人喝，這就是一種高尚的換位。「失去」有很多層次，九十四年學測作文試題「失去」的作文引導，已經幫同學做了最好的註解：在三種失去的層次中學會珍惜，而最高層次是能明瞭失去其實另有所獲，學會了換位思考。同學可從高層次的境界著手，突破生命的困境，創造更有價值的意義。

人生難免「失去」：我們有時沉浸在失去的感傷中；有時因失去才學會珍惜；有時明明已經失去，卻毫不自覺；而有時失去其實並非失去……

請根據自己的體驗，以「失去」為題，寫作一篇首尾俱足、結構完整的文章，文長不限。

【九十四年學測】

人，總是在失去某些事物後，才知道要珍惜當下。失去是一種眷戀、一種難以割捨。失去心愛的財物，才開始懊惱當初沒有小心保管；失去親人好友，才悔悟當初的出言不遜；面對人生的終點，才嘆息人生虛度的遺憾。

我們總是抱怨自己得到的太少，而不曾想過也許有人比我們更需要幫助。財物可以再賺、再買；人生如果活得精彩，短暫的人生也能像絢麗的煙火一般。最痛苦的莫過於失去一段日子的所有回憶，這不是金錢能買到的財物，也無法在深夜沉思時重回眼前。高二那年，我參加許多活動的照片，在不小心弄丟硬碟後，裡面的照片也全部跟著遺失，才驀然發覺，看似精彩的高中生活，竟被我保存得這麼不堪一擊！沒有了這些照片，我再也無法想起那些精彩的過往，我知道時間怎麼流逝，但在遺失硬碟後，再也無法填滿回憶與歡笑。

總是在剎那之間，頓然發現失去我們的童年，同時，很快地又發現失去自己的黃金歲月，遲早還會失去我們最寶貴的雙親、最親密的伴侶、最友好的知己。這些失去必然會發生，這是生命必須面對的課題。然而，每個「失去」都能等待我們「準備好」嗎？

愈是在物欲橫流的社會，愈應該去換位思考。不要太吝嗇付出，因為那將與他人一起閃耀人生的光芒。永遠，永遠……不要嫌太遲，沒有誰可以與心愛的人事物天長地久，我們更應該在曾經擁有的時刻，珍惜所有。

蘇軾在〈水調歌頭〉寫著「人有悲歡離合，月有陰晴圓缺，此事古難全，但願人長久，千里共嬋娟」。他不企望與自己的手足長相聚首，只盼望兩人能共享明月的溫柔與知心。這一個珍惜的念頭，將短暫人生中飛鴻雪泥的片斷，瞬間化成不變的永恆記憶。

「失去」是每個人必經的人生課題，因而「找到材料」並不困難。本篇佳作寫「個人」、也寫「大我」，從「失去」的層次，一層一層往上體悟，採取的是「事件↓轉折↓換位思考」模式。至於「換位思考」當然是全文的菁華與更高意境的展現，但要特別注意的是，千萬不要淪為「故作偉大」，否則易流於「濫情」。智慧與感情的展現必須恰如其分，適可而止，這點同學們可以多加揣摩。

3 喚起共鳴的文字力

好的作文包括二個條件：一是看得見的，文字是否琅琅上口？文辭好不好？另一是看不見的，卻非常重要：文字是否有聚焦性？是否揚長避短？

在寫作課開始之前，我講了自己的故事：婚後第四年，內人才發現她罹患了「子宮內膜異位症」，顧名思義就是子宮內膜生長在子宮腔以外的地方。因為長在卵巢內，就形成所謂的「巧克力囊腫」。子宮內膜異位症約有三十％至五十％的比例會不孕，而我內人的情況更特殊，幾乎是完全無法自然受孕，因此我們決定採用人工受孕，歷經三次失敗；再以試管嬰兒，即「體外受精」（ＩＶＦ）做了四次，仍然失敗。最後在高雄長庚醫院龔福財醫師的幫助下，第五次試管嬰兒成功了，高齡產婦求子煎熬史，可謂刻骨銘心，我決定將這段歷經十年求子的心路歷程，編成「生命教育」的寫作教材，希望透過生命教育的寫作課程，讓家庭的記憶在同學心中變得立體！

在補習班教書，所有教材、教法都朝向具體的目標：成績。教作文，務必讓同學在短時間內感到受用，進而自主練習，寫出可以獲取高分的好文章。但是，我期待同學除了學會各式各樣的寫作技巧外，也能找回和家人之間相處的溫度和對生命的尊重。

我請同學們回家尋找並記錄自己家庭的故事，以一句話或是一個成語為「家」下一個定義，寫作題目就訂為〈我的家人〉，寫作綱要如下：

結構——三項式結構法「破、立、收」

題旨——為「家」下一個定義：一句話或是一個成語

大綱——**（一）我的家的概況**

1. 描述自己家庭的氣氛
2. 概述家庭的家訓或家風

（二）分別介紹家庭成員

1. 外貌長相
2. 個性嗜好

3. 特殊之處

4. 與自己最有關聯的地方

5. 他對我的期望

（三）總括陳述家人之間的感情，呼應第一段

「你們看過超音波照片嗎？」我用我的女兒超音波照片當教具，學生們也不禁驚嘆，並流露出憐愛的眼神。我希望他們用三個月完成這個寫作作業，想一想自己可以從哪些方面表達對家人的愛，或對家人的感謝與祝福。

我再秀出一張我們全家福的合照：「另外，找一張你們全家三代、四代或五代同堂的照片，問問家人照片中的故事，問得愈清楚、愈仔細愈好，我相信你們一定可以挖出更多有意思的故事。」

這是一堂「家的重新定義」的作文課程。我告訴同學，資料蒐集可以「用說的」，家人述說的素材可以先錄音再整理，包括地點、時間、人物、事件起因、經過、結果。若能在文章裡把這六個要素加以整合，並有條理地分段落記敘，才是真正屬於自己的故事。

追尋家庭故事的寫作課，一開始看起來和考試有些距離，但這段時間裡，同學

的寫作力、溝通力、觀察力都有明顯的進步，這堂課除了應試作文考試成績所帶來的成就感外，相信對於家的認同與向心力也起了化學反應。

同學陸陸續續完成了〈我的家人〉，後來發現這堂寫作課非常符合「國寫」的新命題題型，兼具知性與感性。

我們家有六個人，有爺爺、奶奶、爸爸、媽媽、姐姐和我，是個非常「有意思」的家庭。

爺爺、奶奶身體都很健康，每天很早就到公園運動鍛鍊身體，他們非常喜歡和我們聊天，就住在我們家對面的大廈公寓。

我的爸爸今年四十六歲，是一位堅毅又正直的職業軍人，因為部隊輪調的關係，每隔三個月才能回家一次，他很愛護我們全家人，為人非常幽默，常常鼓勵我和姐姐要用功讀書與運動健身，他對我們的要求就是：「舉止端莊，言不妄發。」

我的媽媽是國小老師，很重視我和姐姐的生活習慣，書桌、房間一定得一塵不染，雖然忙著學校的許多事情，但她對家裡很有責任心，常常關心全家人的生活起居。

我的姐姐從小就很喜歡唱歌和畫漫畫，現在是位空姐，經常飛到世界各地，我們倆常常鬥嘴、開玩笑，感情算不錯喔！

再來就是我，我喜歡看書、寫作，從小開始學彈鋼琴和聲樂，現在讀的是音樂班，明年即將參加大學學測了。你們的家人是怎樣的呢？我的家人是「一團和氣」的，就讓我來告訴大家吧！

一，爸爸：爸爸一直以來最疼愛我和姐姐了，我們要什麼他都會買，雖然久久才回家一次，但回家時就會把我和姐姐的作業全部看一遍，寫作文也是他教我的，他的書法可棒了，還教我寫書法，磨性子、修脾氣，因此我每次參加書法比賽都能得特優的成績。

團，奶奶：奶奶生氣起來，脹紅的臉會像一團火球，有一次，我感冒發燒了，奶奶對我說：「小妞啊，妳感冒了，就先別接近姐姐了。」那時侯，我沒理會奶奶，把她說的話當耳邊風，沒想到，過了幾天，姐姐真的被傳染了，奶奶又罵起我來了，我聽見她說的話就一肚子氣，懶得理她，繼續和姐姐討論功課。不一會兒，她真的火了，狠狠地罵了我，我回到自己的房間裡，躲在被窩裡放聲大哭。

和，爺爺：我的爺爺和藹可親，他常說：「甜酸苦辣宜嘗遍，是非好惡總由人。」就是要我們能吃苦，注意自己的言行舉止。每次我看電視的時候，他都會問我：「妳功課寫完沒？」我說：「寫完了。」爺爺會說：「看書的時間都不夠了，看電視會不會太閒了？要注意時間喔。」

氣，媽媽：媽媽超級愛發脾氣。有一次，我的成績大退步，她大聲責備我：「妳最近的讀書態度愈來愈散漫，沒有人能替妳念書，未來的妳會責怪現在的妳的。」

大家看看，我的家人是不是充滿「一團和氣」呀？我愛我的家人，因為這是最幸福的好滋味。

（屏東女中三年級　黃倩茹）

作家安東尼．聖修伯里（Antoine de Saint-Exupéry）的經典短篇小說《小王子》裡說：「最重要的東西，用眼睛是看不見的。」多年來，我在第一線教書，發現許多同學對家人無感、對世界冷漠，大部分時間都鎖住自己，心裡有委屈就把氣發洩在家人身上，但這次〈我的家人〉作品中，有些同學有了不一樣的感受與省思：

「我希望今後好好體貼家人、照顧家人。」

「家人是所有好或不好的事，都可以一起分享、吐槽的人。」

「家人，給我支持的力量，穩定我的心頭，看到他們的笑容，就會有幸福安定的感覺。」

寫作要有題旨，才能對焦，我想用這堂課帶同學找回「家」的感覺、學會感恩。

好的文字背後也一定有非常深刻的洞察，就像隔洞偷窺，發現讀者心裡的祕密，讓人有觸電的感覺，對眼前文章產生共鳴，想要表達的焦點便呼之欲出。

4 想像、邀請、組織的故事力

生動、溫柔、活潑的語調，會讓故事很動聽，練習說故事也能提升自己主動想、主動問、主動找答案的寫作能力。寫作，其實很容易！

一〇五年九月，我來到屏東縣泰武鄉萬安國小當志工老師。之前的半年，該校的謝相如校長就邀請我到學校教國語文，這也是我偏鄉志工教學的第一站。雖然一學期只有六次上課，對我而言卻意義重大，謝校長一句「光讓孩子寫完學校功課是不夠的！」道盡了她對偏鄉教育的自我期許與強烈責任感，我帶著一顆好奇心來到這間遠山中的小學校。

親眼目睹孩子們的學習環境，心裡有無限的感慨，「城鄉差距」四個字是如此真實地展現在眼前。在偏鄉，翻轉的不只是教學，更是一個孩子的人生！打開小朋友的視野時，他們的世界也被打開了。

其實寫作所需的能力可經由「說」故事習得。高中生有許多擔任志工的機會，可以找志同道合的幾位同學，一起到國小為小朋友說故事，訓練自己「擷取、整合、解釋」的能力，發展自己的思考脈絡，並藉由口語表達或書寫感想，增進寫作力。

以下提供我在說故事時和小朋友的互動經驗，讓同學感受從說故事中提升寫作力的好方法：

一、**想像力**

例如要講杜甫的故事，便要將杜甫避難於成都建立的浣花草堂場景，以及〈茅屋為秋風所破歌〉的情節摘要寫出來或畫出樹狀圖來。

準備時就力求充實，盡量呈現故事中的場景，甚至幫故事主角加臺詞與動作，這樣在講述時才會更生動，讓孩子更容易進入情境，這與寫作的敘事力、抒情力的訓練也是不謀而合的。

二、**邀請對方參與故事發展**

說故事時不只是單方面「說」，務必反覆檢視故事，找出哪些地方可以讓聽眾

「參與」，以便埋下伏筆，例如用「倒敘」的方式將轉折點先點出來，這樣可以引起聽眾對故事興趣，也可以讓他們對故事的印象更加深刻。寫作也是如此，平鋪直敘一個事件，閱卷老師大概也興趣缺缺，例如要講馬拉松跑者林義傑的故事，可以這樣寫：「想放棄時，就向林義傑學毅力——放棄了，只能在旁邊看。」接著再舉林義傑用雙腳實現自我的故事，這樣閱卷老師會有參與故事發展的感覺，自然會期待看你的卷子。

三、**營造張力**

為了使聽眾保持興趣，說故事時必須製造一點懸疑性。例如：「李白一個人的詩作就可以撐起唐朝的半邊天，為何連家中的一根柱子都撐不起來呢？」李白的詩有多受歡迎，眾所周知，但對妻兒子女都疏於照顧，就成了關鍵的懸疑點，也讓李白的浪漫多情為故事產生了張力。

如果想寫具有特殊紀念意義的禮物，例如手錶，可以這樣寫：「多年來，我心中一直有一只手錶。」這裡的時間感很長，然而手錶究竟是賣了、丟掉了，還是想買買不起？否則這只手錶為何存在於「心中」呢？透過寫作時刻意營造的懸疑性，才能讓故事更有魅力。

同學們可以隨時開始練習說故事，先說給家人、同學聽，可以從說故事中學會寫作時需要具備的組織訊息、敘述順序以及通順流暢等能力。準備說故事前，務必將故事寫成文字稿，不斷演練，做足準備。同時仔細分割故事中的「重點提詞」，並做成具體的提示，例如寫在黑板上，聽眾可以藉此對故事意涵留下更深的印象。「故事人人愛聽，道理條條擺客廳」，懂得說故事，寫作其實離我們很近！

大考解析

九十八年學測作文試題「逆境」，要求考生以具體事例，書寫逆境產生的因由、造成的心理困境、克服的過程及其後的甘美。大考中心公布的佳作中，我們看到來自泰雅族同學在家中、學校、漢人同學、原民同學間的認同困境，與其自我內在的認同掙扎，最後以克服認同逆境自我期許，具有文化意涵，值得同學省思。

人生有如一條長遠的旅途，其間有寬廣平坦的順境，也有崎嶇坎坷的逆境。你曾經遭遇到什麼樣的逆境？你如何面對逆境，克服逆境？請以「逆境」

為題，寫一篇文章，可以記敘、論說或抒情，文長不限。

【九十八年學測】

每個人都有夢，一個從小到大細心呵護的夢，也許很多人親眼看見、達到里程碑，但有更多人的夢永遠只是那白玉無瑕的夢。我，還年輕，年輕的我有作夢的權利，但我絕不會甘心夢想像泡泡般逝去。

在我成長的過程中，對我而言最大的障礙就是認同吧！我，一個泰雅裔的孩子，卻沒有奶奶口中泰雅人該有的強健身體，這讓我在父親家裡始終被歸為異類，而我卻有著泰雅人的熱血拚勁，憑著「衡量付出的準則就是永無止境的奉獻」，在學校、社團中我都被視為熱血分子，但其實這私底下的悲哀是難以言喻的。該怎麼說呢？我的漢人朋友們雖然視我為可遇不可求的豪俠人物，但在這可憐的勢利社會下，更多時候他們只要想到我所擁有加分制度，我就會接收到冷言冷語和來意不善的眼光，而我的原民朋友呢？他們不可思議於我的成績單和我父母給予比較優渥的經濟環境，聽了我破破爛爛的泰雅語後，他們更高度懷疑我的崇洋媚外。

我從小就在找平衡點，我熱愛中華文化，不論是書法、國畫都還能獻醜，說真的，很多時候我甚至覺得自己已比漢人更像漢人，但在歷史的長河裡，又覺得自己的頻率更像宇文氏、長孫氏，我也熱愛泰雅，但站在大安溪河畔，真的我看不到歷史，只看到水清澈見底和我心中解不開的謎。

一直到現在我仍然無法克服這個障礙，我不想盡力就好，這無法給自己一個交代，我要做到最好，我擁有一個夢，一個尋根的夢，即使路上披荊斬棘也要找到這個答案。

（大考中心公布佳作）

這篇佳作文筆簡潔，雖然沒有突出文采，但用詞精準，生動而具震撼力。說自己的故事要以小見大，才能凸顯情感與思想的深度，最後文章必須將逆境歸結昇華到心靈境界，引導出一股正向的力量，就會是一篇感染人心的佳作。

5 故事吸睛的獨步祕訣

一〇七年新制作文中不論是知性文章、感性文章的命題，寫作篇幅都要求在六百字。用故事呼應自己的主張，既可以加長篇幅，也可以增添說服力，為應試寫作增加獨特性。以常見的四段式寫法而言，把故事放在第二段，第三段再來寫故事所帶來的啟發，是比較理想的布局。

接下來，我再提出八點「寫故事吸睛的獨門訣竅」，為文章增添吸睛力，獲取高分：

一、有深度的正能量：切勿矯情

說故事和寫作有個共通性，一定要盡量保持正向觀念、正能量，尤其同學們參加的是應試作文，但一味的正能量也容易讓人產生厭膩感，因此正能量的概念可藉由故事的角色去呈現，而不一定是用名言佳句、心靈雞湯去堆砌文字。例如：我爸爸是位不稱職的父親，我常常看不到他，甚至連擁抱都顯得奢侈，他時常加班到深夜，一大早天未亮又趕著上工去。

二、開頭第一句就要吸睛：開頭懸念

寫故事切入角度百百種，第一印象是取分關鍵。多看書報雜誌的大標題寫法，第一句一定要引起人的興趣。簡潔又能帶出情境，最後的幾個字要讓人有充滿想像的感覺，而且最好是用疑問句當標題，才有吸引力。例如：「沒有笨過，怎會知道聰明是什麼？」「你不強大，要懦弱給誰看？」

三、具有「暗示性」的觀點：特殊設定

寫故事的內容都要有暗示性才能說服別人，裡面要有好奇、明示、暗示、使命等要素。為人打氣的語錄、抽絲剝繭的分析、發人省思的主題、成功個案的啟發，跳出一般思考的窠臼，才會讓閱卷老師把你當成「有深度」的學生。故意「逆筆而寫」也是好招。例如：題目是〈運動與健康〉卻故意講「低調運動，就是最高調的炫耀！」這訣竅就能讓你的文章從茫茫卷海中脫穎而出！

四、首尾呼應的意外：伏筆

寫故事要讓開頭的話在結尾再出現一次，這個訣竅是作文的吸睛利器。例如：開頭說：「世上最令人沮喪的是，自己老是拿到一手廢牌。」結尾說：「學習用不同的表達方式取代抱怨，還能改善人際關係，將廢牌變為你的王牌。」這種頭尾涵意衝突對立的安排，能讓結尾令人回味無窮。

五、好故事的要領：找出痛點

寫故事的第一個重點就是先鎖定「受眾對象」的痛點。例如：「『痛定思痛的健身計畫』連假結束，看到體重計上的數字，大家一定都下定決心要好好運動吧？」寫出上述句子的理由是人對享受美食的衝動總是奮不顧身，體重飆升是悔不當初，控制口腹之欲就是受眾對象的痛點。啟動故事就從痛點下手，這是很重要的破口處，為痛點賦予價值是「安內」，為痛點尋求解決之道才是「攘外」，故事要感動人心一定是攘外成功的。

六、衝突性、對比性：比較

故事要有衝突性、對比性，才能讓人有急迫感，進而立刻盤點自己的弱點，想要奮進追求改變。

例如寫父愛，你可以寫「在我的抽屜裡一直放著『最厭惡的生日禮物』，然而今天我要戴上它了。」因為從小父親就拋棄媽媽和自己，多年後瘦骨嶙峋的父親出現在校門口，送上一只手錶，說了對不起，還祝福自己生日快樂。「一直放著」表示不肯原諒，「戴上它」是因為父親在送完禮物之後沒多久過世了，經過一段時間後，帶上這只手錶的那一刻起，意味著一切的怨與恨，就此原諒與放下。

七、第三段的啟發：亮點

故事後的省思與啟發最能表現考生思辨能力的亮點。例如：讀國中時，母親總是堅持要騎著腳踏車載自己上學。大清早橫坐在腳踏車的直桿上，總是把頭垂得低低的，因為怕遇見同學。母親生了場大病，自己得走路上學，而橫坐在腳踏車偎進母親懷裡的畫面歷歷在目，竟成了幸福的享受。當時的羞恥，如今自己的想法改變，懂得珍惜，但懊悔已經永遠烙印在心版上了！

八、末段的感動情緒：意義

故事要能挖掘人的感動情緒，才有意義。例如寫「觸景生情」的故事，多年後回到鄉下老家，原本好記好認的農田都成了高樓，原本衷心想再來看看鄉下的田園風光，如今，農田確實不見了，可是它怎會不見呢？

如果把故事比喻成一棵大樹，第一段就是土壤，第二段的故事則是樹的主幹，意象的表達，第三段的省思是開枝散葉，而末段的亮點，就要點出整個故事的核心價值。

若能練就一身寫好故事的本領，將可以讓自己在考試、事業、人際往來中，成為眾所矚目的佼佼者，更可以為自己編寫出令人讚嘆的人生故事。管理學家約翰·科特（John P. Kotter）曾說：「不會說故事的企業家就不會管理。」說故事、寫故事的能力，將是最有價值的競爭力！感人且有啟發性的故事，可以激發許多人內心最美好的品格修養，讓人變得親切，甚至可以化解他人的固執與偏激，更將是同學面對一〇七年新制作文命題必備的核心能力。

大考解析

九十八年學測作文試題第二題「意見闡述」。考生在閱讀兩則故事後，必須提出看法，且歸納出這兩則事例中的同異處。這兩則故事都在表彰運動員在運動場上受傷而堅持下去的精神，若從核心價值來論述，都有「完成自我」的精神。

請綜合框線內的兩個事例，提出你的看法。文長限兩百五十字～三百字。
（一）蘇麗文在北京奧運跆拳道銅牌爭奪賽中，強忍左膝受傷之痛，十一次倒下仍奮戰到底，令全場動容。回國後，數所大學爭取她擔任教職。
（二）邱淑容參加法國十八天超級馬拉松賽，途中腳底破皮受傷，仍堅持跑完全程。送醫後，因細菌感染引發敗血症，右腳截肢，左腳腳趾摘除。
【九十八年學測】

蘇麗文在北京奧運歷經第十一次跌倒後，再堅強地站起來時，全世界的觀眾都激動落淚，內心澎湃！邱淑容跑完全程十八天的超馬，卻不幸截去右腳及左腳腳趾，其堅強的意志力震撼大眾。

蘇麗文賭上運動員生涯最重視的健康；超馬媽媽邱淑容賠上健全的右腿，兩位英雌都以堅持到底的毅力、不輕易認輸的決心，完成比賽，這正是運動家精神的展現！人的一生就算只有短暫的燦爛，總比渾渾噩噩、沒有熱情好。她們義無反顧地拚搏，對夢想與自我的突破，做出了最佳詮釋。

（屏東高中三年級　鄭信任）

寫出佳作的鄭信任同學，對兩位運動員完全持正面評價，若從結果論，還可以從反面來論述——做出抉擇時仍須保持前瞻性的智慧，像大陸選手劉翔舊疾復發，黯然退賽，雖然受到嚴厲的撻伐，但優秀的運動員也應有能力判斷自己的身體狀況，在應該退賽的時候毅然退賽，也是勇敢的表現。

6 磨筆尖的六個訣竅

「積少成多」是磨筆尖的絕佳方法，特別是準備新制學測，平時磨筆尖，每天多少磨一點，功力就能日積月累，愈積愈多。我以教書多年的經驗，歸納出六個訣竅。

一、寫作塗鴉本

準備應試作文要有「集中」與「分散」的思維。生活中的許多感觸一瞬即過，準備一本札記本放在書包裡，切記，不要用錄音的方式。不管三七二十一寫下來，一直寫、任何時候想到都寫，不要思考、不要在意文詞是否通順，也不要追求任何寫作技巧，就把所有的感覺直接記錄下來，只有二、三十個字都好。之後這些文句組合就是構成文章的素材。

二、維持手感

除了養成閱讀習慣，上了高中後每月至少要寫一篇六百字的文章，而且限時四十分鐘完成；升上高三後，每月二篇；考前三個月每週一篇，這是維持寫作「手感」很重要的心法。久沒寫一定生疏，臨場就會寫不出來。什麼題目都可以，甚至可以從仿寫課本裡的文章開始，文言、白話的文章都可以嘗試。

三、摹寫感官

感官知覺可分為視覺（眼）、聽覺（耳）、嗅覺（鼻）、味覺（舌）、觸覺（身）、心覺（意）等六種感官摹寫。透過摹寫法的練習，就能具體捕捉日常生活的真實感受。寫作，是心靈與生活環境、各路人群的交會，不只是觀察，也不只是描寫，而是在發現。例如：「我赤足站在海邊，能夠感覺到浮面沙粒的溫熱乾爽和鬆散，也能夠同時感覺到再下一層沙粒的溼潤清涼和堅實，浪潮在靜夜裡聲音特別緩慢，特別輕柔。」（席慕蓉〈生命的滋味〉）

四、描述外貌與動作

觀察整體形貌、局部特徵、人物特質，注意人物動作、情緒的前後連接，透過這些特寫，可讓畫面重現在閱卷老師眼前。不管是悲傷或溫馨，都能藉由字句，對人物的刻畫貼切地展現他們的特質。例如：「每當將我拉進懷中，外婆臉上會浮現出幸福的笑容，她用瘦稜稜的手輕撫我的背脊，問我最近有沒有用功念書、喜歡山上跟澎湖哪邊多一點……，並要我複誦諸如『外公你的肚子好大』之類的句子。我乖乖轉述之後，外婆會不厭其煩地詢問每個答案的真實性，這些看似無關緊要的問題，好似外婆呼吸的氧氣。」（楊婕〈外婆〉）

五、放空心情，慢慢走路

平時可能因為趕時間，同學們常常走得飛快。不要一直這樣，偶爾放慢腳步，悠悠哉哉地走，歡喜自在地走，為繁重的課業找到舒緩的出口。心靈也需要ＳＰＡ一下，用心看看周遭的一景一物，不必設定今天一定要有什麼收穫，其實這正是累積寫作能量的時刻。

讓自己沐浴在公園小徑、城市阡陌，切記耳朵不要再塞耳機，不要偷懶騎自行車，不要與人交談，只要帶一瓶水。回家後仔細回想，寫下今天的情緒感受，不必多，幾十個字甚至一句話都行：平靜、興奮、躁動、焦慮、歡喜、滿足、憂鬱。例如：「今天在河濱公園，居然發現紫羅蘭，那香味讓我雀躍。」、「好久沒有快樂到想跳起來了。」、「感謝上帝，人生雖痛苦，卻不悲觀。」

六、看社論，寫評論

從報紙、雜誌到網路新聞，當中的社論或讀者投書，同學們應該很少有意願去看吧？但以思辨為主體的「知性」文章考法，就是要同學提取自己的價值觀。面對同一問題或新聞事件，千萬不要跟著人云亦云，學會看問題的焦點，寫下自己的小評論，這可以藉由獨立思考，磨出真相與智慧的筆尖。

透過這六點平時累積，由內而外，培養自己對寫作的敏銳度。所謂積少成多，上考場時只要抱著平常心，相信信手拈來，都能寫出情意通達的好文章。

大考解析

以一〇五年指考作文試題「舉重若輕」為例，舉重若輕原意為：舉起沉重的東西卻像是提取輕的東西，引申為能力不凡，能夠輕鬆地處理困難的問題。反義詞有：

力不從心、力不勝任、心餘力絀等。

可以自身經驗入題，例如總覺得課業太沉重或做事患得患失，但心念一轉、改變態度，就能「舉重若輕」。不論是舉自身經驗說明或是他人事例自勉，重點在於是否能將「重」與「輕」的轉折關鍵寫清楚，若寫成純勵志卻無個人想法的八股文章，分數一定不會太高。

「舉重若輕」是一種應世的態度。人生中遇到重要的事或面對困難時，可以用審慎但泰然、輕鬆的態度處之；或者凡事善用智慧，便能輕而易舉，勝任愉快。請根據自身經驗或見聞，以「舉重若輕」為題，寫一篇文章，論說、記敘、抒情皆可，文長不限。

【一〇五年指考】

「順風可以航行，逆風可以飛行。」生命，是一連串的功課，其中之一，便是「舉重若輕」的學問，順境中能暢然無阻地航行，我們更要學會逆風中泰然展翅，恣意翱翔的智慧。

諸葛孔明能夠在面臨數萬大軍凶猛而來的局勢中，以一計「空城計」化險為夷。

生死攸關，他選擇大開城門，於城中自在自適地彈琴，終不費一兵一卒而使敵軍引退。善用智慧，則能化險為夷；謹慎卻從容地應對，則舉重千斤亦能如摧枯拉朽般輕而易舉。

在高二那年，我深深體會舉重若輕的道理，面對一場班際英文話劇比賽，我毛遂自薦希望擔任導演，卻不知在那之後面對的是排山倒海的問題及狀況。演技不夠純熟、演員意見不合，甚至有人無故缺席。身為導演的壓力使我愈發焦急，抑不住的怒氣使得我終日對著我的演員們大聲咆哮，瞋目怒視著他們，終究換來的是一個班級的決裂，和我對完成理想的絕望。

直到有一天，導師與我約談，想了解班上的狀況。我起初娓娓說著，但愈發激動，終於止不住地任淚水潰流而下。這份工作本該是我的嚮往，如今卻成了心裡的重擔。「妳要不試著在練習時營造輕鬆有趣的氣氛，好讓大家更樂意參與？」老師的一番話霎時點醒我。是啊！誰會想終日面對一個易怒、嚴苛的人呢？所以我放寬標準，在達到演出水準之前，更重視樂在其中。漸漸地，班上四分五裂的氣氛終被我一一融合為完整的圓。縱使最終沒能帶領著班上勇奪第一，我卻創造了一份美好記憶。

「舉重若輕」，愈是艱困的任務，愈要能處之泰然，冷靜以智慧應對。舉重若輕，則難者亦易；焦急而驚慌失指，則易者亦難。一份導演的工作，讓我習得「舉重若輕」的道理，今後我亦將奉行於生活，如此便能在不管順風或逆風之中，皆自在自適地遨遊。

（大考中心公布佳作）

本篇佳作的作者以「舉重若輕」是面對生命順、逆境的學問破題，接著引用諸葛亮運用智謀擊退敵軍，化險為夷，三、四段以自己在擔任英文話劇比賽毛遂自薦的事例，論述面對挑戰時，處之泰然、冷靜以對的態度。

這是一篇文字流暢，結構縝密，敘述條理分明有層次，雖然首尾段在「順風、逆風」之論述未做到相互呼應，但瑕不掩瑜，仍值得同學參考學習。

7 「六受一能」創造作文亮點

寫作的亮點它可以是一個「還真虧只有你才想得出來的構想」，可以是一個生動傳神的細節描寫，可以是一個內涵比較有層次的好句子，可以是一個用得很有創意的詞，可以是一個淬鍊出來的字，甚至可以是一個別具意涵的下標……

「六受一能」是創造亮點的寫法，這是一種下伏筆的概念，目的就是在應試作文中的第一、二段，用真誠動人的故事，有層次地吸引閱卷老師的注意力，這是一種不容小覷的力量，而且順著這個邏輯，什麼文章都可以寫。

一〇六年三月八日婦女節，謝謝我的母校屏東師院——現更名為屏東大學——附設實驗學校葉運偉校長的邀請，我對屏東大學附屬實驗小學全體主任、老師們演講「享受教學的真相」。

映入大家眼簾的板書如下，他們完全不知道是什麼意思：

感受
承受
忍受
接受
享受
「能」
受用

六受一能

難「能」可貴

我為我的板書串成一段「六受一能」的引言：「年金的改革讓老師們『感受』到委屈，但教書是一個良心的志業，大家正默默『承受』著誤解和謾罵，我們之所以願意繼續『忍受』因年金制度改變所帶來的犧牲，是因我們是為人師表的一群，

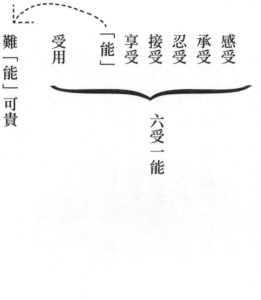

一群肩負教育下一代重責大任的老師，政府要社會各個階層都相忍為國，我們都『接受』，但不能被汙名化，這是最大公約。」

老師們頓時鴉雀無聲，我講到了大家的痛點。他們有的陷入沉思，有的頻頻點頭，有的會心一笑。這些正是在座老師們現在無法「享受」教學的原因之一。

我繼續說：「今天是一場遇見自己的演講。我們的教學工作難免會遇到瓶頸，就看自己願不願意改變心態。跨越困難的領悟才『受用』，才會覺得難『能』可貴！」

一〇七年新制寫作測驗就有可能要求同學，依照寫作任務寫一篇小小說，「六受一能」絕不是瞎套、硬帶的敘寫功式，它是一種下伏筆的概念，順著一套琅琅上口的口訣，有邏輯地將寫作任務推展開來，順著這樣的口訣寫，「事」隨著轉，「境」跟著彎，篇幅一定拉得長，而且文字是有層次的鋪陳。

生活是由時間的縱軸線所構成，它包括了現在與過去，還有對未來的遠景，透過一場二十年不見的同學會，回顧過去、體察當下、展望未來，〈同學會〉是大考中心一〇六年公布的研究試題，試題要求設想同學會上見面的情況、當時所聊的話題和感想。可以用「六受一能」創造寫作亮點：

鳳凰花開的季節最能讓人「感受」時光飛逝的存在，一晃眼，二十年的光陰就這麼過去，從沒想過，二十年來「承受」著生活中種種挑戰的我，如今將以何種心情參加這場難得的聚會呢？

坐在位子上的烏龜先開口對我說：「聽說你現在在當醫生？」聽著烏龜席間的交談，回憶猶如風景，我曾經「忍受」這傢伙的種種欺凌，到今天仍歷歷在目。我看到猴子立刻向他揮揮手「嗨！大學教授，不錯喔。」求學期間，最玩世不恭、成績永遠吊車尾的猴子，「接受」某國立大學的邀約回國教書；「老大！」我叫住黑熊。「不要叫老大啦，我已經不當老大很久了！」曾經脾氣最好、最容易被欺負的黑熊，後來成了黑社會大佬，在一次的意外中斷了左手手臂，從此歸隱、不再過問江湖之事；而當初在班上異性緣最好、「接受」的情書比她讀過的書還多的班花，則成了我的老婆。我們的生活難免會遇到瓶頸，就看自己願不願意改變自己的心態。難嗎？當然難！所以才「受用」，才會覺得難「能」可貴！看著眾人的改變，我不禁覺得莞爾，二十年來許多事物改變得太多了，曾經我絕不相信的事情、從未料想過的局面，到了如今，對我而言都成了一種「享受」。

（節錄自屏東高中三年級　林家昇佳作）

大考解析

以一〇三年指考作文試題「圓一個夢」為例，佳作作者以製作硯臺為圓夢的目標，從撿拾故鄉溪畔的石頭開始，只著重雕琢技巧，企圖雕出一方匠心獨具的好硯，卻因不知道基本功而失敗；經過父親指點，得到體悟，沒想到在他放棄追求硯品華麗的外表，回歸平實後，終於完成一方好硯的夢想，也體會了製硯一如人生需要經過千錘百鍊，因此改變了價值觀。全文擅用意象，詮釋深刻見解獨到，非常值得同學參考學習。

> 夢，可以是憧憬、心願，也可以是抱負、理想，只要好好努力，夢境往往也會成真。如能推己及人，甚至還可以進一步幫別人圓夢。根據親身感受或所見所聞，以「圓一個夢」為題，寫一篇文章，論說、記敘、抒情皆可，字數不限。
>
> 【一〇三年指考】

一陣風吹起了閉合的書頁，字裡行間舞動的墨水，勾起了往日的回憶。文字記錄下歷史，墨水成就了文字，而硯臺不但容納了墨水，也承載著文化，滋潤了我的理想與堅持。

回顧童年時光，我最大的休閒便是撿拾故鄉溪畔的石頭，一塊塊表面黯淡無光的石頭，都是父親眼中的瑰寶，儘管看似不起眼，卻總能在父親的鬼斧神工下，被刻上美麗的紋理，成為一方好硯。世界不是缺少美，而是缺少發現美的慧眼，和創造藝術的手藝，從小見證著父親精湛的手藝，一顆圓夢的種子，也在無意間埋入了我的心中。

起初我總是憧憬著美麗的花紋與藻飾，然而卻缺乏像父親一樣的巧手！雕不出一方匠心獨具的好硯，我也因此急躁，甚至連最重要的修底，也做得心不在焉。父親曾說：「做硯從修底開始，人要從基礎做起。」而我卻連最重要的基礎都遺忘了。人人徘徊的道路上，皆走往自己確立的的方向，而我卻迷失，卻困惑，失去了屬於自己的方向。當腦中興起放棄的念頭時，父親對我說：「如果做不出藝術的硯，那就做實用的硯吧！只要使用者順手，依然是方好硯。」父親的一番話，猶如黑暗中的一絲曙光，指引了我未來的方向，或許我做不出擁有璀璨外表的硯，我仍願做出讓人能順心使用的硯。

我發現，親手雕刻的硯品，就像自己的人品，儘管沒有華麗的外表，卻裝載最真摯的誠意，在雕刻硯臺的過程中，我也逐漸領悟了做人處世的道理，每次修飾硯臺，找尋其中的缺陷時，我彷彿也在雕刻自己的人格，改善自身的缺點。「書為至寶一生用，硯作良田萬世耕。」閱讀書本所累積的知識，讓人一生受用無窮，猶如將智慧化作手中的利刃，面對接踵而來的挑戰；滴入硯臺的墨水，傳承百年來的文化，彷彿在一畝良田中，耕耘出無數的人文精華。

圓夢的路途上，或許總是伴隨著失望，然而沙漠的窘境，仍存在美麗的綠洲；黝黑笨拙的硯臺卻能磨出瑰麗的文化，只要堅持到底，手藝粗糙的我，也能在克紹箕裘的道路上，耕耘出一硯良田豐收，在圓夢的終點，收割理想成熟的麥穗。

（大考中心公布佳作）

本題以「一個夢」為寫作範圍，「圓」做動詞用，也是本文的寫作重點。作者善用「不知道、沒想到、做得到」創造文章亮點，先敘明為什麼要圓夢、自己的夢想為何，之後闡釋圓夢的過程，最後則寫圓夢後的感受、影響、價值。

8 層層剝開，讓人感同「深」受

若說寫作，有個精彩的開頭是展現給閱卷老師的第一縷「陽光」和一個好印象，那麼，意味深長的結尾就是最後一道「風景」，但究竟是選擇給人「回眸一笑百媚生」的驚喜，亦或是選擇給人「問君能有幾多愁？」的悵然好呢？

現代作家朱自清的散文〈背影〉敘述作者離開南京到北京大學，父親送他到浦口火車站，除了沿途照料，還替他買橘子的情形。在作者腦海中印象最深刻的，是父親幫他買橘子在月臺攀爬時的背影。朱自清用字淺白，卻把父親對子女的愛，表達得極為細膩，真摯感人。

以這篇經典文章為例，整個故事是以倒敘的寫作方式，運用了剝筍法「破、立、收」為其行文結構，又稱為「三項式結構法」。全文不只三段，而是用三項結構去鋪成一個故事，寓意放在最後一項「收」，將情感堆疊到最高點。

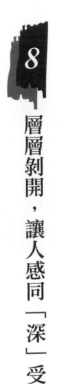

「破」就是突破點，文章一開始寫於一九二五年，記寫的事情發生在八年前，也就是一九一七年冬天，祖母去世，剛辦完喪事，父親在徐州煙酒公賣局局長的差事也結束，「正是禍不單行的日子」。父子同到南京，當時父親送兒子北上讀書在火車上告別，在那樣充滿悲涼的氣氛中，父親對兒子百般關懷、體貼、呵護，但兒子卻不以為然——他想的是自己已經二十歲，「北京已來往過兩三次」，對於父親的送行不怎麼在意，不懂父親的心思。這種矛盾點具有衝擊性，立即給予讀者深刻印象，並對發生原因與接下來的發展感到好奇。

「立」指的是轉折點，朱自清完全用白描的手法，也就是不借助譬喻修辭，不堆砌詞藻，也不用修飾語加以形容；而以樸實的文字，把當時的情景如實再現，讓人身臨其境。「父親是一個胖子」，過鐵路時「蹣跚地走到鐵路邊，慢慢探身下去，尚不大難。可是他穿過鐵道，要爬上那邊月臺，就不容易了。他用兩手攀著上面，兩腳再向上縮；他肥胖的身子向左微傾，顯出努力的樣子。」買好橘子回來，「在過鐵道時他先將橘子散放在地上，自己慢慢爬下，再抱起橘子走。」這裡的文字確實是傳神之筆，在勾畫父親的背影過程中，沒有過多的形容詞，也不借助於修辭技巧，只是原原本本地將當時的感人情景再現於讀者眼前。

「收」指的是結尾點，朱自清訴諸於情感，讓人看見「父愛」，自然容易引起讀者的共鳴。八年之後，朱自清已經在清華大學任教了。回想當年，父親已飽經世故，不會不比自己更清楚「他們只認得錢，托他們真是白托」，但就是那種知其不可為而為之，愛子心切的緣故，反襯出兒子認為父親的舉動討嫌的荒謬，直到後來背影出現，兒子清楚地看到父親竟為自己做著非常吃力的事時，終於理解了父親對於自己的呵護，以致於流下淚來。

寫故事最重要的訣竅，就是要讓讀者有「情境」與「畫面」可以想像，〈背影〉文章結尾交織著感激、悔恨、慚愧的淚。父親的形象出現於「晶瑩的淚光中」，朱自清內心感情的差異及變化，使文章起伏有致，也顯示出父親背影的感人力量。

朱自清這種剝筍的寫作結構，「畫面」像剝筍一樣層層剝開，文字卻是樸素、自然、清新、雋永的，無論是敘事，還是描寫和抒情，使用的語言平穩精當，創造出一種意蘊豐富、耐人尋味的藝術「情境」，給予讀者自由想像的廣闊天地。

大考解析

一〇五年學測作文試題第二題「素材分析」，題幹所選琦君作品〈髻〉對考生而言並不陌生，同學可以運用剝筍法的「破、立、收」，詮釋寫作任務中三位女性的心境變化，結尾一定要有洋蔥，讓閱卷老師感動到心坎裡。

某組選擇琦君〈髻〉為素材，擬透過女子因青絲的改變，而心境有所轉化，來詮釋展覽主題。該組將根據框線內節錄的文字，說明：五叔婆、母親、姨娘的頭髮曾出現哪些生理上、髮式上的變化？其中反映出她們面對人生的哪些心態、感受，以及調適之道？你是該組成員，請協助完成分析。文長約兩百五十～三百字（約十二～十四行）。

一到七月七，家家戶戶的女人都要有一大半天披頭散髮。比如我的五叔婆吧，她既矮小又乾癟，頭髮掉了一大半，卻用墨炭畫出一個四四方方的額角，又把樹皮似的頭頂全抹黑了。洗過頭以後，墨炭全沒有了，亮著半個光禿禿的頭頂，只剩後腦勺一小撮頭髮，飄在背上，在廚房裡搖來晃去幫我母親做飯。可是母親烏油油的柔髮卻像一匹緞子似的垂在肩頭，微風吹來，一綹綹的短髮不時拂著她白嫩的面頰。我心裡在想，如果爸爸在家，看見媽媽這一頭烏亮的好髮，一定會上街買一對亮晶晶的水鑽髮夾給她。父親不久回來了，沒有買水鑽髮夾，卻帶回一位姨娘。……我們全家搬到杭州以後，母親不必忙廚房，而且許多時候，父親要她出來招呼客人，她那尖尖的螺絲髻兒實在不像樣，所以父親一定要她改梳一個式樣。母親就請她的朋友張伯母給她梳了個鮑魚頭。在當時，鮑魚頭是老太太梳的，母親才過三十歲，卻要打扮成老太太，姨娘看了只是抿嘴兒笑，父親就直皺眉頭。……她（劉嫂）每天早上十點鐘來，給姨娘梳各式各樣的頭，什麼鳳凰髻、羽扇髻、同心髻、燕尾髻，常常換樣子，襯托著姨娘細潔的肌膚，嬝嬝婷婷的水蛇腰兒，越發引得父親笑瞇了眼。劉嫂勸母親說：「大太太，你也梳個時髦點的式樣嘛。」母親搖搖頭，響也不響。……

我長大出外讀書以後，寒暑假回家，偶然給母親梳頭，頭髮捏在手心，總覺得愈來愈少。想起幼年時，每年七月初七看母親烏亮的柔髮飄在兩肩，她臉上快樂的神情，心裡不禁一陣陣酸楚。在上海求學時，母親來信說她患了風溼病，手膀抬不起來，連最簡單的螺絲髻兒都盤不成樣，只好把稀稀疏疏的幾根短髮剪去了。不久，姨娘因事來上海。自從父親去世以後，母親和姨娘反而成了患難相依的伴侶，母親早已不恨她了。她穿著灰布棉袍，鬢邊戴著一朵白花，頸後垂著的再不是當年多采多姿的鳳凰髻或同心髻，而是一條簡簡單單的香蕉卷。她臉上脂粉不施，顯得十分哀戚。……

來臺灣以後，姨娘已成了我唯一的親人，當年如雲的青絲，如今也漸漸落去，只剩了一小把，且已夾有絲絲白髮。

【一〇五學測】

「亮著半個光禿禿的頭頂，只剩後腦勺一小撮頭髮」，意味五叔婆已經年老髮禿的事實。「烏油油的柔髮卻像一匹緞子似的垂在肩頭」代表著那時母親還很年輕、很健康。父親帶個姨娘回來後，母親請朋友給她梳鮑魚頭，意味著因為失寵而不再在乎外表。到最後母親「只好把稀稀疏疏的幾根短髮剪去了」意味著生命即將到了盡頭。姨娘每天變換各式各樣時髦的髮髻，這意味著姨娘當時被父親寵愛著。父親去世後姨娘不再梳著華麗造型，意味姨娘的心境已經改變。

母親的短髮，帶出年華流逝與內在愁緒的糾結；姨娘的香蕉卷，顯示年輕美麗終將歸於平淡。女人的青春有如青絲，當年華老去便成了白髮蒼蒼。時間沖淡了仇恨，面對人生的變化只能轉換心境，只求晚年安詳。

（道明高中三年級郭欣宜）

生命改變的痛，所帶來的衝擊讓我們更堅強，當傷心和懊惱襲來，我們比自己想像的更脆弱，但我們又是超出想像的剛強。透過閱讀，文學作品再現出人生的苦、生存的難，洋溢著人性的光輝、美麗、向死而生的豁達、寬廣。朱自清的〈背影〉、琦君的〈髻〉讓我們看出二人成長歷程都很獨特，都經歷過心痛、失去、病痛、失望，當這些痛苦來襲，他們選擇承擔，最後克服那個傷痛，我希望藉著分享這二個有生命力的故事，建立大家的耐挫力。

附錄

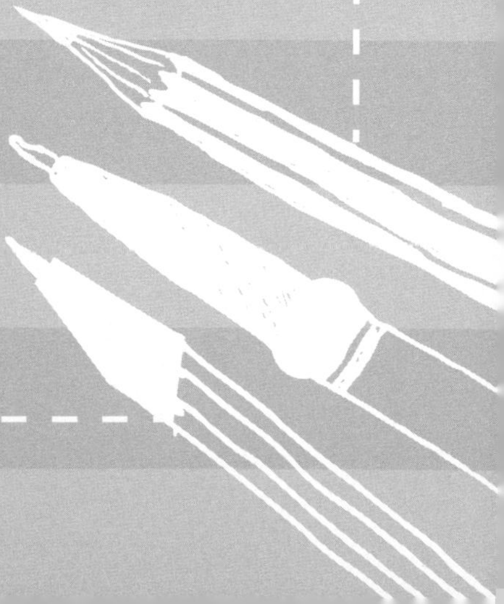

附錄 公職作文也適用的準備祕訣

我除了在文理補習班執教升大學國文科，同時也在公職考試的補習班任教多年，而且是論文、公文與國學測驗三大考試項目都教。最近考公職又變成了年輕人討論的議題，年金改革多少影響他們擔任公職的意願，但在這個經濟不景氣的年代中，成為公職人員還是最佳選擇之一。

舉凡關務、海巡、稅務、退軍、身障、警察、鐵路、高考、普考、司法、外交、國商、民航、法調、移民、原民、地特等三、四等相關考試，國文都是共同科目，國文分試「論文、公文與國學測驗」，其中「論文」占總分的六十%，其重要性不言可喻。公職作文試題大多為論說文，且多為「雙題眼並重型」例如：〈立足臺灣，放眼天下〉、〈傳統與創新〉、〈國家安全與個人自由〉等。論說文試題測驗目標，類似新制學測中的知性試題。

人生不能假設，也無法重來。有別於一般升大學文理補習班，清一色都是高中學生，來補習公職考試的人形形色色，年齡從二十歲到五十三歲我都教過。而且參加公職考試的人，其實資質都不會差太多，但根據統計，十個考生約只有四到五人可以考上。正所謂錄取率無法自己決定，實力則操之在己，最重要的就是「方法對、重紀律、要堅持」公職考試關乎個人的職涯與生活品質，只要是能堅持到底、自律嚴謹的人，就能嘗到成功的甜美果實。

公職補習班的作文課只會安排三節課，每節三小時，因此，我的課程重心不在「說」與「聽」，而是「引導」與「練習」。議論文寫作素材不外乎二個重點：論與例，我的建議只有一個：「蒐集寫作素材」。論例合一是基本素養，有論點其實只是空話，需加上例子來證實與闡述，才有說服力。而文章要有力量，平時就應「積學儲寶」，廣泛閱讀，並蒐錄、分類可供論理的例證，以擴充提升自己的思考領域及加深思考的層次。

一般論文大致皆可從「三個W」思考：「WHAT」（什麼）、「WHY」（為何）、「HOW」（如何），我以一〇五年公職普考〈這一代和下一代〉的試題舉例：

人類生存的目的，除了延續自身生命之外，同時也是為下一代創造更理想的生活，因而與社會永續發展密切相關的環保、教育、醫療等議題就備受關注。試以「這一代和下一代」為題，結合上述議題，作文一篇，闡述其旨。

題目	這一代和下一代		
三個W	WHAT 題旨	WHY 形成題旨的原因	HOW 從正、反面提出解決之道
思考重點	以「傳承」為主軸	以人事物的某些面向，深入剖析	由正面、反面事例加以論述
寫作策略	●這一代：重視什麼、能塑立什麼典範 ●下一代：有什麼挑戰、要具備什麼生存能力	●環保：過度開發、超限利用，這一代的貪婪要下一代來承擔 ●教育：過度重視升學，十二年國教仍須再檢討改進，少子化的衝擊，下一代將面臨空前挑戰	●這一代：積極建設謀求國家進步，否則內耗只有坐以待斃 ●下一代：謀求創新與革新，立足臺灣，放眼天下，與世界接軌

	人物事例和言例
	●張忠謀的小確幸 ●台積電的大革命
●醫療：資源過於浪費，高齡化社會的長照配套，將影響下一代的生活品質	●齊柏林：「飛到大際，才認識自己的土地。」「看見臺灣」——國在山河破。 ●嚴長壽：「決定未來的力量，在教育。」「期待能改變人民、學校與政府的成見，並提出可能的願景所在。」 ●許文龍：「臺灣的醫療就像一艘即將撞上冰山的鐵達尼，呼救、掙扎，卻無法令這頭巨獸轉向。」
	●「最壞的時代，可以是最好的時代。」 ●「不重視人才的企業，將愈來愈難面對產業的巨變與競爭。」

最後，在「字跡工整、標點正確及卷面整潔」也要多注意。正確地使用標點符號，句子與句子之間的串接與分隔才能被凸顯，尤其是特殊的語氣，一定要用對標點符號。至於卷面整潔，更可以使閱卷老師有好的第一印象，字跡除了力求工整外，行文過程中更應避免過多的塗改。另外，字的大小以書寫八分滿為原則，這些應試規則其實與大學學測相差不多。

跋 十年磨一劍

初入行的震撼教育

剛入行在補習班教書，不論經驗或本質學能，一定和前輩老師無法相比；而學生可精了，補習班那麼多家，到處補習、試聽之後，也能聽出、看出個端倪。「行家一出手，便知有沒有」，花錢、花時間進補習班上課，當然追求最好的教學品質。

而試聽更是殘酷——十五分鐘定生死。如果不合學生胃口，讓他們聽不下去，那也只好目送他們無情的背影了！

某天晚上，補習班號召二百五十人來聽「邱德國文高三班總複習講座」，第一節課才過四十五分鐘，就開始有人背書包走人了。因為講座是免費試聽課程，學生和講師又是第一次接觸，講師一定要有足夠的舞臺魅力鎮住學生，補習班的行政人員才能發動第二波攻勢：「砍單」——要學生報名繳費。

恐怖的事發生了，到了第一節課結束（九十分鐘），更多人頭也不回地離開補習班，第二節課一開始，我拿起麥克風，鼓起勇氣往臺下一望……

只剩下不到三十人在現場。我當場差點哭出來，後面還站了一排行政人員，個個臉色鐵青。留下來的學生，有人傳了張紙條上來，上面寫著：「你上課講太快了，而且，一直講、一直講，都不好玩！」

好多好多年過去了，那丟臉難堪的一夜，我永遠記得。那一晚是九月二十四日！留下來的那三十位同學，後來報名上邱德國文的有二十八人，我非常感謝那位傳紙條給我的學生，讓我知道我的盲點在哪裡；第二節課我迅速調整自己，上得慢且仔細，學生聽得懂、聽得起勁，我也就跟著「人來瘋」，放開自己，輕鬆上課，臉上多了燦爛笑容，肢體也不再那麼僵硬。

不過後來那個班因為招生人數不足，補習班老闆基於成本考量，還是沒開班，而我也就這樣第一次被「下課」了！我永遠不會忘記曾有過的難堪，這也是我一直努力向前的動力來源之一。

「沒被下過課的老師，不會紅啦！」當時有一位前輩老師這樣鼓勵我，我才真的見識到什麼叫作「震撼教育」。

競爭沒有對錯，唯實力是問而已。

接下來的教書過程，我幾乎都是用「三倍式教學法」在上課，也就是一堂三小時的課，我至少備課三倍以上的時間，往往超過十小時以上，磨！磨！磨！磨出基本功，本質學能充足了，上起課自然有自信、游刃有餘，和學生互動也頻繁起來，甚至耍寶、耍酷，說、學、逗、唱樣樣來。學生買不買單？當然！因為學生要的就是：快樂上國文課，寫意拿高分！

砌牆三倍，演說百倍

一〇三年五月二十三日、三十日，我接受當時屏東教育大學教學資源中心主任王慧蘭教授的邀請，為母校的學弟妹們講授「優秀補教人才增能專業課程」，王主任現在是屏東縣政府教育處處長。

少子化的現象使教師甄試非常難考，從師範體系出身的預備老師們，空有一身教學本領，卻進不了正規的學校體系教書，對未來充滿焦慮與不安。我在這場研習中建議大家不要自我設限，應該把自己四年所學當成優勢和武器，進軍補教界。一如當年的我，毅然決然放棄公費生的保障，走出校園，耕耘補教界，一樣能作育英才，一樣能發揮所長。德國大文豪歌德曾說：「你若失去財產，你只失去了一點；你若失去了榮譽，你就失去了許多；你若失去了勇敢，你就失去了全部。」

聽完我的分享，母校的學弟妹們建立了另一種企圖心。對比補習班裡許許多多非師院、師大、教育大學體系出身的老師，幾經磨練後都能成為名師，自己再沒有悲觀的必要。只要立定目標抱持熱忱，給自己五到十年的時間用心經營，誰說少子化一定是老師們的魔咒呢？

時間來到三年後，二〇六年二月十七日——我接受小女兒 Vivian 就讀學校許嘉政校長的邀約，在「聽演講做學問」系列演講中擔任第一位演講嘉賓，要對全校一千多位一到六年級小朋友，做一場九十分鐘的精彩演講！校長的看重讓我非常榮幸，但也讓我感到忐忑不安。砌一堵牆所花的時間比在牆上油漆多三倍。而我估計，準備一次演講所費的時間，比實際上臺講多了一百倍，換句話說，每講五分鐘，就要準備九小時。這對我而言，是個甜蜜而空前的大挑戰！我非常希望第一次在 Vivian 面前演講，能給她一個好榜樣。

演講題目是「學習爆發力」。天底下沒有枯燥的演講題目，只有講得不好才會讓人覺得乏味。惟有生動的語言、聲音和肢體動作，才能有臺上臺下互動成一片的效果！為了使我的演說生動，我盡量減少抽象的部分，以小朋友熟識的唐朝大詩人李白的故事和實例來代替抽象的大道理。我希望小朋友在演講結束離去後，還會對我給他們的觀念反覆討論，因此我不會一次給得太多，要精簡！新觀念是一點一滴累積起來的。「沒有失敗，只要有趣」整場演講體驗重於說教，動靜趣味穿插其中，透過我的演繹，整個大禮堂充滿歡笑和樂趣。

最後，怎麼收尾才好？別人對你演講的最好評語就是「太短了」！我在一曲〈祝你幸福中〉的歌聲中，走到臺下與小朋友握手互動，在熱烈掌聲中圓滿結束演講！

時隔沒幾天，新竹縣新埔鎮北平國小王紹先校長知道「邱德老師翻轉教育、詩詞教學偏鄉志工行」的計畫，便邀請我到校為全體教師演講「多元教育的創意」。

北平國小曾經新生入學人數只剩二人，曾經瀕臨裁併校危機。新竹縣政府規定凡是五十人以下的學校都要提出轉型計畫，學校以藝文教育為根基，王紹先校長將歐洲教育實習所見所聞帶回校內，他們並提出華德福教育理念為轉型計畫。經過六年的努力，他們讓學校的學生人數成長到七十八人，期間獲獎無數，現在是新竹縣最受歡迎的學校之一。

要當一位華德福的老師相當不容易，可以說要上知天文、下知地理，最重要的是要能對學生充分地了解、啟迪與關懷；而我則是來分享國語文教學領域如何自編課程，以實用性的故事進行教學，讓孩子認識詩詞與經典文學作品。雖然這次我是來演講的，但我看到北平國小一切從「人」出發，回歸自主學習節奏，我相信北平國小一定能讓適才適性的教育，在新竹縣這塊沃土扎根下去！

最後一里路

一〇三年八月我受邀參加中國大陸河北衛視「中華好詩詞第三季」臺灣選手選拔，這是一個大型文化競賽類型的節目，非常受到歡迎。意想不到的是，在通過嚴謹的詩詞背誦、國學常識、作家生平、詩詞賞析等測驗後，我雖然錄取了參加節目競賽的資格，但當時節目製作單位評估我的詩詞儲備量大約是四百首，希望我在四十天內自主訓練到二千首，這樣才有勝算，因為中國大陸的選手實力都非常強！

所謂「讀書百遍，其義自現」這是童子功，大人要快速自學成功用的是方法。當時我已經四十五歲，記憶力大不如前，若想在節目中有好的表現，給我的學生作一個好榜樣，我一定得用對方法全力以赴。我把詩詞創作類型加以分類，如邊塞、閨怨、送友、思鄉等共一千多首，自己逐首逐句念誦錄進我的手機裡，每天利用瑣碎時間塞耳機，用一．五倍的速度播放，並且不斷重複跟著大聲吟誦。為了練習反應速度，請家人幫忙模擬中華好詩詞的賽制，進行接句、搶答、典故賞析等。但可怕的是我的詩詞背誦，老是缺一句、差一字，或是背到後面就忘了前面，因此我連睡覺都在聽、都在想。

比賽還有個沙畫題，得從現場沙畫創作老師的作品中，猜出詩詞作品名稱。詩詞賞析後就能在心中產生畫面，有了同理心，便能在記憶時抓關鍵字、想像作品畫面。

比賽的日子終於到來，一〇三年十一月十四日，在北京星光影視基地的超大攝影棚，我成功擊敗六位明星闖主闖關成功，取得挑戰擂主資格賽。比數來到六比二賽點題，我再搶下一題就會登上擂主。這是道提示題，主持人王凱會念出五個詞組的提示，誰先知道答案是哪位文人，就拍鈴搶答。當王凱只念到：政治家、低調淡泊，我立刻拍鈴，現場觀眾、評審老師瀰漫著不可思議的驚呼聲，主持人驚訝地問我：「你真明白了，告訴我是誰？」，我回答：「訓儉示康，司馬光。」接著他再慢慢念完：拒不納妾、資治通鑑、砸缸。「回答正確！恭喜邱德，挑戰成功。」

十一月十四日那一夜，我永生難忘、刻骨銘心，所謂的「臺灣之光」那是媒體形容的，在這之前，八月一日我高雄凱旋路的家經歷「八一氣爆」成了重災區受災戶，九月六日我被檢查出大腸內有六顆瘜肉，其中一顆瘜肉證實是惡性的原位癌，接受完手術治療，我仍努力地繼續教書、備課、準備參賽。

點滴在心頭

「人生最大的遺憾是，錯誤的堅持，過早的放棄。」二十多年的粉筆歲月，我一直在想方設法解決學生的難題，經師易當，人師難為，唯有以身作則才能成為學生的榜樣。很多人問我，你怎麼那麼厲害「猜」得出答案是司馬光？不是猜的，是閱讀來的，是我對文學、寫作的熱愛，是養成廣泛閱讀習慣「厚積薄發」來的。

累積了多年教學、演講的心得，我發現想要與大家分享的心情變得更加迫切，因而有了這本書的誕生。透過這本書，希望能將閱讀及寫作的美好傳遞至臺灣的各個角落；其實大考的致勝關鍵，除了經由閱讀累積起來的基礎和實力，更重要的其實是一顆「有感覺」的心——閱讀打開我們的心眼，心眼讓我們能看見更多也更深刻。平時累積、融會貫通後，憑著對這世界「用心」的態度，相信就能提煉出自身實力的醍醐味。

「老師，這樣說太過頭了吧？」

抱持著這樣的體會，寫作最終就是這樣美好的事。

Learn 系列 032

寫出有感覺的作文——不補習，學測寫作照樣拿高分

作　者——邱德老師
主　編——邱憶伶
責任編輯——陳劭頤
責任企畫——葉蘭芳
美術設計——戴芯榆

董事長——趙政岷
出版者——時報文化出版企業股份有限公司
108019 臺北市和平西路三段二四〇號三樓
發行專線——（〇二）二三〇六六八四二
讀者服務專線——〇八〇〇二三一七〇五・（〇二）二三〇四七一〇三
讀者服務傳真——（〇二）二三〇四六八五八
郵撥——一九三四四七二四時報文化出版公司
信箱——10899 台北華江橋郵局第九十九信箱

時報悅讀網——http://www.readingtimes.com.tw
電子郵件信箱——newstudy@readingtimes.com.tw
時報出版愛讀者粉絲團——http://www.facebook.com/readingtimes.2
法律顧問——理律法律事務所 陳長文律師、李念祖律師
印　刷——勁達印刷有限公司
初版一刷——二〇一七年七月二十八日
初版八刷——二〇二一年十二月九日
定　價——新臺幣二八〇元

時報文化出版公司成立於一九七五年，
於一九九九年股票上櫃公開發行，於二〇〇八年脫離中時集團非屬旺中，
以「尊重智慧與創意的文化事業」為信念。

寫出有感覺的作文：不補習，學測寫作照樣拿高分 / 邱德著 .
-- 初版 . -- 臺北市：時報文化，2017.07
面；　公分 . -- (Learn 系列；032)
ISBN 978-957-13-7070-5(平裝)
1. 漢語教學　2. 作文　3. 寫作法　4. 中等教育
524.313　　106011538

ISBN 978-957-13-7070-5
Printed in Taiwan